VOYAGE

DE

YEDDO A NIIGATA

(JAPON);

Par le docteur A. VIDAL,

Directeur de l'Ecole de médecine de Niigata.

Extrait des Mémoires de la Société des Sciences Physiques et Naturelles de Toulouse.

TOME I, page 388 à 438.

VOYAGE DE YEDDO A NIIGATA

(JAPON);

Depuis que les événements de 1868 ont rendu au Mikado régnant l'autorité souveraine que ses ancêtres avaient laissé tomber entre les mains des Taïcouns, le Japon semble vouloir imiter la forme européenne de la civilisation. Les conséquences naturelles de ce changement ont été l'arrivée dans ce pays d'un plus grand nombre d'Européens (1), qui sont venus résider dans les différents ports ouverts au commerce étranger, mais qui se sont particulièrement groupés à Yokohama et à Yeddo. Néanmoins, jusqu'ici ils ont été confinés dans une zône étroite de laquelle ils ne peuvent franchir les limites sans une permission expresse du Gouvernement. La circulation dans l'intérieur leur est interdite sévèrement, et ce n'est que par exception que cette permission de voyager dans les différentes provinces a été accordée à un petit nombre d'entre eux.

Ceux des Européens qui ont le plus d'occasions et de facilités pour visiter l'intérieur du Japon, sont ceux qui sont chargés de diverses missions par le Gouvernement lui-même.

J'ai eu récemment l'avantage d'être du nombre de ces der-

---

(1) On comprend, sous cette dénomination, non-seulement tous les Européens proprement dits, mais encore tous les sujets d'origine Européenne de l'Amérique du Nord et de l'Amérique du Sud.

derniers. Envoyé par le Gouvernement pour aller fonder un hôpital et une Ecole de médecine à Niigata, je reçus, le 2 juin 1873, ma nomination de médecin-professeur de ce futur établissement, et un sauf-conduit m'autorisant à traverser l'Empire pour me rendre à mon poste.

Deux moyens s'offraient à moi, pour effectuer mon voyage : le premier consistait à attendre le départ d'un bateau à vapeur qui, partant de Yokohama, serait remonté vers le nord jusqu'au port d'Hakodoté, situé au sud de l'ile de Yesso, en longeant la côte orientale de l'île du Nippon, et qui ensuite m'aurait débarqué à ma nouvelle résidence en redescendant vers le sud, le long de la côte occidentale. Le second moyen consistait à faire la route par terre, en me servant tout simplement des moyens de transport en usage dans le pays. Ce fut à ce dernier moyen que je donnai la préférence.

En effet, je devais attendre un grand mois le départ d'un navire Américain pour Hakodoté; encore n'était-il pas certain qu'il arriverait jusqu'à Niigata. D'ailleurs, j'étais pressé de partir, pour éviter d'être en route à l'époque des pluies, qui ne pouvaient tarder, et pendant la période des chaleurs qui la suit inévitablement.

Il ne me fallut pas moins de quinze jours pour terminer tous mes préparatifs. Enfin, tout se trouva prêt le 15 juin au soir, et le lendemain de bonne heure, le personnel qui devait composer ma petite caravane se trouva réuni devant ma porte, dans le quartier de Yeddo nommé Tskidji. Ce personnel se composait de mon interprète, d'un élève en médecine, de deux domestiques, et de douze hommes destinés à traîner sur de petites voitures (1) nos personnes et nos bagages. Quant à mon cuisinier Chinois, il s'était enfui pendant la nuit, probablement peu désireux de me suivre dans cette expédition. Nos bagages étant chargés, je pris pour moi la plus grande voiture avec deux hommes pour la conduire ; je disposai ensuite les onze voitures

(1) Ces petites voitures, très-légères et d'invention récente, sont à deux roues, suspendues sur des ressorts, découvertes et traînées par un ou deux hommes. Il n'y a généralement place que pour une seule personne. On appelle ces voitures *dyinrikicha*, de *dyin*, homme, *riki*, force et *chu*, voiture.

du convoi, et ce fut dans cet ordre que je traversai Yeddo et ses faubourgs. A huit heures du matin, je passais sur le pont de Nihonbachi, qui se trouve vers le milieu de la capitale et qui sert de point de départ pour l'évaluation des distances dans toutes les directions de l'Empire. Une heure après, je laissais derrière moi les dernières maisons des faubourgs et me dirigeais vers le Nord, par la grande route qui conduit à la ville de Takasaki. Peu de temps après, j'arrivais au village d'Habachi, où je faisais une courte halte, pendant que quelques-uns de mes traîneurs se faisaient remplacer par de nouveaux. On compte environ deux *ri* (1) depuis le pont de Nihonbachi jusqu'à ce village.

A dix heures un quart, après avoir traversé un autre village appelé Chimoura, j'arrive à celui de Todagama, sur la rive gauche de la rivière du même nom : il n'y a pas de pont sur cette rivière, et je suis obligé de faire passer tout mon convoi sur des bacs ; je paie pour cela quelques tempos (2).

Depuis le village d'Itabachi, où nous sommes descendus des collines qui entourent Yeddo, nous marchons toujours en plaine. La route est très-belle, mais très-poussiéreuse ; le temps est chaud, lourd, le ciel couvert. Cette plaine qui nous entoure est presque entièrement cultivée en rizières. Une foule de paysans sont occupés à arracher le riz qui est en semis et à le repiquer dans les champs. Ce travail, vu de quelque distance, a quelque chose de pittoresque. Ces paysans n'ont la plupart pour tout vêtement qu'un étroit morceau d'étoffe qui leur serre les reins, et un grand chapeau de paille ou de bambou, presque hémisphérique. Enfoncés jusque par-dessus les genoux dans les terres inondées et détrempées, éparpillés dans toutes les directions, ils représentent assez bien, vus de loin, de gigantesques champignons à chapeau blanc et à tige brun rougeâtre.

Quelques travailleurs donnent la dernière façon à leurs terrains. Le sol destiné à recevoir le riz étant préparé à l'avance

(1) Le *ri* représente la lieue japonnaise ; elle est d'environ 4,320 yards anglais, ou de 3,950 mètres.

(2) Le *tempo* est une monnaie de cuivre, de forme oblongue et percée d'un trou carré, qui vaut environ cinq centimes de notre monnaie de France.

et recouvert d'environ un pied d'eau, un paysan le nivelle avec une herse traînée par un cheval ; celui-ci est conduit par un autre paysan à l'aide d'un bambou attaché au mors de la bride. Ce bambou représente le rayon d'un cercle dont le premier paysan est le centre et dont le cheval parcourt la circonférence, en traînant la herse après lui. Comme le second paysan a le soin de faire quelques pas à chaque tour, le champ finit par être hersé dans toute sa surface. Ce procédé diffère donc du va et vient en lignes droites et parallèles usité pour le labour et le hersage dans nos pays d'Europe.

J'ai remarqué, depuis mon départ de Yeddo, qu'il y a, tout le long de la route, une grande activité pour les travaux de réparation et d'entretien. Je circule presque entre une double haie de paysans occupés à niveler le chemin, à rétablir les rigoles de chaque côté ; les pierres sont écrasées, les herbes arrachées, les ponts et passerelles sont refaits à neuf ; on pousse les soins jusqu'à tailler au cordeau les branchages des arbres très-nombreux qui bordent la route, et ceux de ces arbres qui dépassent l'alignement sont sacrifiés sans pitié. Je suis d'autant plus étonné d'un pareil luxe en fait de voierie, que je n'ai jamais rien vu de pareil sur les routes du Japon, et je pourrais dire sur aucune route de France. Je me souviens alors avoir entendu dire que S. M. la Mikadesse devait aller faire une promenade d'agrément jusqu'à la filature de soie de Tamioka, confiée à une petite colonie française, et située non loin de la grande route.

J'avais moi-même un vif désir de faire un petit détour pour aller visiter cet intéressant établissement, placé, m'avait-on dit, dans un site fort pittoresque. J'en connaissais d'ailleurs le médecin, et je me promis d'aller lui demander l'hospitalité pour le lendemain au soir.

A onze heures et demie j'arrive au village de Ouarabi, qui se trouve à six ri de Yeddo. Pendant qu'on décharge mes bagages pour les placer sur de nouvelles voitures, j'entre dans une hôtellerie japonnaise pour y prendre mon déjeûner.

Il me suffira de dire, une fois pour toutes, en quoi consiste une hôtellerie japonnaise, toutes étant disposées de la même manière. C'est d'habitude une assez grande maison, dont la plupart des chambres sont ouvertes sur la rue, comme cela a lieu, du reste, pour presque toutes les maisons japonnaises. On ne ferme guère que la nuit, ou quand il fait mauvais temps, à l'aide d'une double rangée de panneaux mobiles, de trois pieds de large sur six de haut, et glissant dans des rainures. Les panneaux de la rangée intérieure ne sont que des écrans en papier, mais ceux de l'extérieur sont en bois, et font fonction tout à la fois de portes et de volets ; une galerie règne entre les deux rangées. Un large passage, commençant à la porte d'entrée, divise la maison en deux parties, dans toute sa profondeur, et conduit ordinairement à un petit jardin intérieur d'agrément. A droite et à gauche de ce passage se trouve une série de chambres, communiquant entre elles à volonté, par le moyen de panneaux mobiles en papier. D'habitude, les cuisines se trouvent près de la porte d'entrée, et le long de la façade de la maison, et aussi du corridor intérieur, se voient des banquettes en bois, très-larges et sur lesquelles les voyageurs déposent leurs bagages.

Lorsque je m'arrêtai à la porte de l'hôtellerie, avec mes onze voitures, tous les voisins accoururent sur le seuil de leur maison, sans doute pour voir quel était l'homme important qui voyageait en si nombreux équipage. Quant aux gens de la maison, maîtres et domestiques s'empressèrent de me faire le salut d'usage, qui consiste à se prosterner sur les genoux et sur les mains et à toucher le plancher du front à plusieurs reprises, en répétant : *konnitchi, konnitchi oux* (bonjour, bonjour). Je fus aussitôt conduit à une chambre située au fond de la maison, et ouverte sur le petit jardin, ou, pour parler plus exactement, ouverte sur ses quatre côtés, attendu que les écrans qui en formaient les parois étaient enlevés ; de telle sorte que des six faces obligatoires que doit présenter toute chambre carrée, deux seulement, le plancher et le plafond, existaient réellement ; quant aux quatre faces latérales, il était libre à mon imagination de se les figurer. J'aurais pu cependant les faire installer, mais je n'en fis rien, trouvant assez amusant le spectacle des voyageurs indigènes, lesquels, accroupis sur les nattes dans les chambres voisines, se reposaient tout en mangeant leur riz. Du reste, la société, quoique assez nombreuse, était peu bruyante et fort discrète, et on n'entendait guère que le claquement des mains par lequel on appelle les domestiques.

Dans toute la maison, pas plus d'ailleurs que dans toute autre habitation japonnaise, il n'y a aucune espèce de meuble ; il y a quelque temps, on voyait encore un tout petit râtelier très-bas, destiné à supporter les sabres. Mais, depuis que la plupart des Japonnais ont renoncé à l'habitude de traîner partout avec eux leurs grands sabres, ces rudiments de meubles eux-mêmes ont disparu, de façon que les chambres sont absolument vides. Je dois dire qu'elles sont d'habitude, même chez les plus pauvres, d'une propreté remarquable. Les *talami*, nattes épaisses qui couvrent tout le plancher, sont entretenus avec soin, et ce n'est jamais que nu-pieds ou en chaussettes que les Japonnais se permettent de marcher dessus. Ces nattes servent tout à la fois de siéges, de lits et de tables. Mais les Japonnais seuls peuvent s'accommoder de cette simplicité, grâce à leur souplesse d'articulation acquise dès l'enfance, et qui leur permet de rester accroupis des journées entières dans une posture impossible pour nous ; ils ne croisent presque jamais leurs jambes à la manière des Turcs et des tailleurs, par exemple, mais ils se mettent à genoux et s'asseoient sur leurs talons. Dans cette position, l'angle que forme la jambe avec le pied est tout-à-fait effacé, et la distance qui sépare le genou des orteils est représentée par une ligne droite qui repose sur la natte dans toute sa longueur. Aussi, l'Européen qui essaie de cette posture, ne tarde pas à éprouver une fatigue très-douloureuse et insupportable dans l'articulation du coude-pied.

Pour moi, je préférai m'asseoir à la manière ordinaire sur la banquette extérieure de ma chambre. Je n'eus pas plutôt pris place, qu'une servante m'apporta le *chibochi* de rigueur (1). Je fis demander ce que l'on pouvait me donner à manger. Des œufs, du poisson et des champignons, me fut-il répondu. Je m'y attendais, car je crois que cette réponse est un cliché usité

(1) Dans les auberges japonnaises, le service est toujours fait par des femmes. Le *chibochi* est une boîte carrée en bois, contenant, sur de la cendre, des charbons allumés, à l'usage des fumeurs.

dans tout le Japon. Je me contentai des œufs et du poisson, ce qui, avec le pain, le vin et le café que j'apportais avec moi, compléta mon déjeûner.

Je réglai la note de ma dépense avec un kinsatz (1) de mince valeur, et je me remis en route avec tout mon convoi, vers une heure et demie, pendant que mes hôtes saluaient mon départ de nombreux *sayonara* (au revoir) et *ariyato* (merci).

Le chemin que je suivais était toujours en plaine, se dirigeant vers le Nord. Rien n'eût été plus agréable que mon voyage si le temps avait été moins lourd, et si une légère brise ne m'eût entièrement saupoudré d'une épaisse couche de poussière. Il commençait à faire un peu chaud et, vers les deux heures et demie, mon thermomètre marquait 27° centigrades à l'ombre. Néanmoins, je prenais grand plaisir à circuler au milieu de cette belle campagne, alors dans tout l'éclat de sa luxuriante végétation. Rien de plus gracieux que ce groupe de hameaux et de fermes japonnaises, avec leurs clôtures de mauves-arbustes, leurs buissons de rosiers, leurs bosquets de bambous et de Paulonia, leurs vergers, leurs massifs de pins séculaires et d'arbres de haute futaie, dont beaucoup m'étaient inconnus. De petits filets d'eau limpide courent au milieu de ces ombrages, dont ils entretiennent la fraîcheur. Recouvertes d'un chaume gris, souvent enguirlandé au sommet d'une bordure d'iris en fleur, les pauvres maisonnettes des paysans ressemblent à des nids d'oiseaux cachés sous la feuillée, et il me venait à l'esprit que, tout comme les petits oiseaux, ces pauvres gens vivaient aussi presque exclusivement de quelques grains de riz.

Certes, rien n'égale la pauvreté, le dénuement du paysan japonnais, mais je ne crois pas qu'il soit malheureux; il ne paraît pas l'être, du moins. Son ambition ne semble pas aller au-delà de sa chaumière et de son champ de riz; dans cette chaumière qui l'a vu naître, il mourra tranquille; ce champ

---

(1) On nomme *kinsatz*, des espèces de billets de banque, émis par le Gouvernement; ils sont imprimés sur un carton mince, rectangulaire; leur plus petite valeur est d'environ trente-trois centimes de notre monnaie.

voisin suffira à le nourrir lui et sa famille ; tant qu'il lui restera un grain de riz pour apaiser sa faim, peu lui importe qu'on l'accable d'impôts ou de corvées ; il ne se plaindra guère et ne s'inquiètera pas de savoir à qui profite le produit de son travail. Il ne sait rien des choses du monde et ne se soucie guère de les connaître. Est-ce là un effet d'une philosophie naturelle pratique? N'est-ce, au contraire, que le résultat de longs siècles de basse servitude? Peut-être l'un et l'autre, si tant il est vrai que les extrèmes se touchent.

Je traverse successivement les villages de Ouraoux et d'Omiga, et j'arrive à celui de Toudjinn, vers quatre heures. Pendant ce trajet, je remarque toujours la même quantité de travailleurs occupés à niveler et à réparer la route. Je continue mon chemin en passant par les villages de Hagueouo et de Okengaoua, et j'arrive enfin, vers les sept heures du soir, à Kounso, où je m'arrête pour passer la nuit.

Pendant qu'on remise mes bagages, je fais préparer mon dîner, et dresser le couvert sur une de mes caisses. Le menu ne diffère pas de celui de mon déjeûner, et je m'assieds encore une fois devant les œufs, poissons et champignons classiques. Seulement, pour varier, j'attaque d'abord les œufs au lieu du poisson. Ensuite, me sentant quelque peu fatigué, je fais faire mon lit, opération qui n'est ni longue, ni difficile ; matelas et couvertures sont étendus sur *le tatami* du plancher. A l'aide de quatre clous fixés dans les boiseries, on suspend un moustiquaire destinée à me préserver contre les atteintes de légions d'insectes ailés qui commencent à me dévorer, et je ne tarde pas à m'endormir d'un profond sommeil, sur ce lit improvisé.

Le lendemain, javais l'intention de partir de grand matin, pour profiter de la fraicheur. Mais, en dépit de mes recommandations les plus pressantes, il est près de sept heures quand je peux me mettre en route. Ces messieurs les *ninsokou* (1) ne sont jamais pressés. Des heures entières se passent, pendant qu'ils tiennent conseil, qu'ils tirent au sort à qui devra partir,

---

(1) On appelle ainsi les hommes de la basse classe qui font le métier de portefaix, voituriers, etc.

qu'ils soupèsent les bagages, qu'ils se les distribuent, etc. Mais il n'y a rien à faire à cela, et il faut, bon gré, malgré, en prendre son parti.

Enfin, me voilà en route, et je suis la rive gauche de la rivière de Harogaoua, tout le long de laquelle on a élevé une digue épaisse et haute de cinq ou six mètres ; elle est destinée à préserver les campagnes des inondations qui ont lieu, paraît-il, assez souvent à l'époque de la fonte des neiges qui couvrent les montagnes voisines. Sur un assez long parcours, cette digue sert aussi de chaussée pour la route, qui est assez étroite ; de sorte que, lorsqu'il m'arrivait de me croiser avec des véhicules ou des bêtes de somme venant en sens inverse, je n'étais pas sans quelque crainte de rouler en bas du talus.

Vers huit heures, je traverse le village de Ohiouata, et quelques minutes après neuf heures, je fais halte à quatre ri de Kounoso, dans la petite ville de Koumagaï, où mes hommes doivent se relayer. Ici, je me trouve en plein district séricicole, et les rues offrent un coup-d'œil assez curieux. De chaque côté et tout le long des maisons, on ne voit que des cocons de vers à soie séchant au soleil, sur des nattes posées à terre. Chacune des maisons paraît s'être transformée en magnanerie, et la population tout entière ne semble occupée que des opérations de la récolte de la soie. Des hommes passent à chaque instant, chargés de fagots de rameaux verts de mûriers ; les femmes et les enfants sont particulièrement occupés à détacher les cocons des petites fascines où ils sont fixés. Je remarque que tous les cocons, sans exception, sont jaunes, les uns d'une belle couleur vive, les autres d'un jaune pâle ou beurre frais.

Je reprends mon chemin et je vois dans la campagne de nombreuses plantations de mûriers, en grande partie dépouillés de tous leurs rameaux. On les tient taillés à environ un mètre et demi du sol ; dépouillés de toutes leurs feuilles, ils ont le triste aspect de pieux plantés en terre, au milieu de la verdure qui les entoure.

J'ai beau avancer, la file des hommes occupés aux travaux de la route est toujours aussi serrée. J'arrive enfin, à midi, dans la petite ville de Foukaya, à trois *ri* de Koumagaï : il était temps,

et je commençais à éprouver un sérieux besoin de me désaltérer
et de me restaurer. Le menu de la veille se représenta pour
mon déjeuner ; mais cette fois, le poisson était représenté par
des anguilles de rivière, de moyenne grosseur, à la chair si
délicate et au goût si fin que je ne crois pas en avoir mangé
de meilleures en ma vie ; et je me taxerais d'ingratitude si je n'en
faisais pas une mention aussi particulière que flatteuse pour le
pays de Foukaya.

En traversant les rues, j'ai vu autant de cocons qu'à Koumagaï. Désireux d'aller visiter la petite colonie française, je m'in-
forme du chemin à suivre pour aller à Tomioka, et je suis
désappointé en apprenant qu'il y a onze *ri* à parcourir et qu'il
me faudra quitter la grande route. Cela ne concorde pas avec
les renseignements que j'avais pris à Yeddo, et d'après lesquels
je devais suivre la grande route jusqu'à la petite ville de Hondyo,
et de là me diriger vers les montagnes. Mais l'heure est trop
avancée pour que je puisse songer à faire onze *ri* avant le coucher du soleil ; d'ailleurs le temps lourd et couvert menace de
tourner à la pluie. Je me décide donc à arriver à la ville de
Takasaki, laquelle n'est qu'à huit *ri* plus loin, sauf à aller passer
la journée du lendemain à Tomioka, qui n'est, m'assure-t-on,
qu'à une distance de quatre *ri* de cette dernière ville.

En sortant de Foukaya, la route incline vers l'Ouest, en traversant une campagne toujours très-belle, où la culture des mûriers
se fait sur une grande échelle. Je rencontre le village d'Okabé,
dont les rues semblent encore pavées de cocons jaunes et jon--
chées de jonquilles. Mais en même temps que la route tourne
vers l'Ouest, il m'est évident que nous montons insensiblement
vers un plateau plus élevé : la ligne des montagnes se rapproche
visiblement, et je commence à en distinguer les détails ; les
rizières diminuent pour faire place aux cultures de blé, d'orge
et de sarrazin.

Après avoir traversé le village d'Okabé, j'arrive à celui de
Hondjo, où je fais une courte halte vers les quatre heures. Ce
village, comme la plupart de ceux que j'ai rencontrés, ne se
compose guère que d'une longue rue qui n'est autre que la route
elle-même. A Okabé et à Hondjo règne la même activité pour

la culture de la soie : on y voit des cocons dans toutes les maisons.

Cependant l'aspect de ces derniers villages est moins gai que celui des précédents. La pauvreté y semble plus grande et la misère perce à travers le verdoyant manteau dont le printemps s'efforce de la couvrir. Les chaumières ne sont guère que des masures délabrées, encombrées par les fascines sur lesquelles se forment les cocons ; les femmes et les enfants qui préparent ces derniers ou les dévident à l'aide d'une petite bassine de cuivre et d'un petit rouet, sont peu propres et déguenillés. Et pourtant ces fils si délicats qui, sous leurs doigts, se transforment en écheveaux, feront bientôt de riches tissus ; c'est le haillon qui prépare le velours et le satin, mais le *sic vos non vobis* sera toujours vrai, et ce seront les belles dames de nos cités d'Europe qui se pareront du produit du travail des pauvres villageoises d'Okabé et de Hondjo.

A très-peu de distance au-delà de cette dernière station, je traverse la rivière, ou plus exactement le lit de la rivière de Chinagaoua, qui coule vers le sud-est et prend sa source dans les montagnes qui sont à ma gauche ; mais, pour le moment, il n'y a pas une goutte d'eau dans ce lit desséché, large de plus de cent mètres et pavé de cailloux roulés. Je n'en suis pas moins obligé de passer sur deux ponts rustiques qui réunissent les deux berges opposées à un banc de gravier qui se trouve au milieu. A partir de cet endroit, je constate l'absence totale des travailleurs qui, jusqu'à Hondjo, n'avaient cessé de former un cordon presque non interrompu occupé aux travaux de la route ; d'où je conclus que l'Impératrice ne dépassera par Hondjo, dans sa visite à Tomiaka. Pour moi, je commence à regretter que Sa Majesté n'ait pas daigné honorer de sa visite la ville de Takasaki : elle m'eût ainsi épargné de bien durs cahots.

La route que je suis se dirige à peu près droit vers le nord, et j'aperçois en face de moi et à peu de distance la chaîne de montagnes que j'aurai à franchir, et qui, en ce moment, me ferme l'horizon. Cette route étroite, mal entretenue, traverse un large plateau, entièrement déboisé. Le sol, bien que noirâtre, en est sablonneux et paraît peu fertile, à en juger par la chétive apparence des blés, des orges et des sarrazins, qui ont l'air de n'y pousser qu'à regret. De loin en loin, aux abords de quelques filets d'eau, se montrent quelques lambeaux de rizières dont le vert clair se détache nettement des épis jaunissants des céréales et des surfaces blanches des champs de sarrazins en fleur. En somme, la vue de ce plateau, bien que dépouillé d'arbres et d'arbustes, n'est pas désagréable : on dirait un vaste parquet, capricieusement bigarré de blanc, de vert et de jaune.

Après avoir traversé le village de Ichikami, j'arrive à celui de Youa-Haoua, situé sur la rive gauche de la rivière de Karasou-gaoua, que je passe sur un pont de bateaux. Cette petite rivière, peu profonde et très-rapide, se dirige vers le sud-ouest et roule sur un lit de cailloux des eaux d'une limpidité de cristal. Le pont est formé d'une rangée de petits bateaux plats, amarrés à distances égales dans le sens du courant, et de madriers placés en travers par dessus. Je traverse ensuite le village de Kourakauo et j'arrive enfin à la ville de Lakaraki, à sept heures du soir.

Après avoir suivi une longue et large rue, je mets pied à terre devant une hôtellerie de fort modeste apparence. Mon élève, à qui j'avais fait prendre les devants pour préparer les logements, m'explique que dans les hôtels plus confortables, il n'y a plus de chambres disponibles. Mais il m'importe peu, attendu que mon lit et ma table n'auraient rien à gagner à un changement. A mon dîner, je retrouve avec plaisir la même espèce d'excellentes anguilles qu'à Foukaya. Je pense que la qualité supérieure de ces poissons est due à ce qu'ils habitent les eaux vives descendant des montagnes.

Le lendemain matin, 18 juin, je me lève avec l'intention d'aller visiter la colonie française de Tomiaka ; mais on m'apprend qu'il n'y a pas de chemin qui permette de s'y rendre en *dyinrikicha*. On a le choix d'aller à pied, à cheval ou en *cango*. Aucun de ces trois moyens, le dernier surtout, ne me sourit. Pendant que je délibère sur le parti que j'ai à prendre, le ciel se couvre et quelques gouttes de pluie qui commencent à tomber mettent fin à mes hésitations. Décidément, je n'irai pas à Tomiaka, quelque regret que j'en éprouve ; car si le temps se mettait à la pluie, je ne peux prévoir le nombre de jours que je mettrais à franchir les montagnes, et je suis pressé d'arriver à mon poste. En conséquence, je fais commander des *dyinrikicha*, qui peuvent me conduire encore jusqu'à ma prochaine étape, distante seulement de cinq *ri* et demi, et je consacre ma matinée à me reposer ou à parcourir les rues de Takasaki.

Cette ville, qui se trouve à environ trente *ri* dans le nord-ouest de Yeddo, est un chef-lieu de district, et était, il y a quelques années, la résidence d'un daïmio (1). Elle paraît assez importante et sert d'entrepôt pour les marchandises qui s'échangent entre les districts des montagnes et les ports de Yokohama ou de Yeddo. J'eus la curiosité d'aller voir son ancien château, et quel ne fut pas mon étonnement, en arrivant devant la grande porte d'entrée, de rencontrer une troupe de soldats faisant l'exercice à la française, les officiers faisaient aussi les commandements en français ; mais il me fallait mettre beaucoup de bonne volonté pour les comprendre, tant ils en défiguraient la prononciation. Toutefois, il me fut impossible de pénétrer dans l'enceinte du château, cela étant, me dit-on, contraire aux règlements. Je le regrettai fort peu, attendu que je pus voir qu'il ne restait absolument plus rien des anciens bâtiments ; les murs eux-mêmes de l'enceinte s'effondrent un peu tous les jours et comblent les fossés. Au centre de cette enceinte, on a construit de grandes baraques à l'européenne, qui servent de caserne pour les soldats. Je pensai que c'était là un signe des temps, selon l'expression en vogue. Un bâtiment européen, blanchi à la chaux, est venu s'élever sur l'emplacement et sur les ruines du palais des Daïmio. Dans cette grande cour, jadis animée par les gens de guerre, aux grands sabres et aux brillantes armures, on fait aujourd'hui l'exercice du chassepot et l'école de peloton. C'est ce qu'on appelle civiliser le Japon. Malheureusement jusqu'ici cette prétendue civilisation ne s'est établie que sur les ruines des anciens usages du pays, et il reste encore à prouver que les peuples en sont devenus plus heureux.

(1) Les Daïmios étaient des espèces de seigneurs féodaux qui ont été dépossédés de leurs États et privés de leurs prérogatives, à la suite du renversement de Taïcoun. Beaucoup d'entre eux vivent maintenant à Yeddo, entre autres celui de Takasaki.

Une petite pluie fine et serrée ne me permet pas de parcourir les principales rues de la ville, presque entièrement occupées par des marchands. Dans quelques boutiques, il y a des objets européens, entre autres des vêtements, tels que chemises, pantalons, etc., probablement à l'usage des dandy et des officiers de la localité. Les premiers par goût, les seconds par obligation s'affublent de temps en temps de nos costumes, et s'efforcent d'imiter l'élégance de leurs collègues de la capitale. Il est de règle, en effet, en ce moment, qu'un Japonnais qui appartient de près ou de loin aux administrations publiques, ou même qu'un simple particulier qui veut se montrer partisan des idées civilisatrices de son gouvernement, doit s'habiller à l'européenne. Cette mode, imposée par le gouvernement et sanctionnée par le mikado, qui ne sort plus qu'en habit brodé et avec chapeau à claque, a fait prendre à la foule officielle et aux bourgeois un aspect des plus réjouissants. Tous les officiers et fonctionnaires portent de rigueur le costume européen toutes les fois qu'ils sortent de chez eux, et même dans leurs maisons, quand ils doivent recevoir un visiteur important. Dire que tous portent ce costume correctement, ce serait exagérer, bien qu'on puisse constater depuis quelques temps des progrès réels. Mais on voit aussi tous les jours circuler dans les rues des personnages vêtus des accoutrements les plus fantaisistes et qui se donnent des airs d'importance des plus comiques. D'immenses bottes éculées, un pantalon étriqué s'arrêtant à mi-jambe, un gilet qui refuse obstinément de rejoindre la ceinture du pantalon, un paletot dont les manches ne dépassent guère le coude, mais qui, dans le dos, est agrémenté de nombreuses éminences séparées par de profonds ravins : tout cela réuni forme encore, pour beaucoup de Japonnais, un costume fort présentable. Quant à la coiffure, autant de têtes, autant de chapeaux différents. Même chose pour le choix des couleurs. Il y a peu de temps encore, je rencontrai, dans une des principales rues de Yeddo, un brave homme vêtu d'un magnifique habit du plus beau jaune jonquille et coiffé d'un chapeau noir à haute forme ; il en paraissait très-fier, et les passants avaient l'air de le considérer avec admiration.

A ce propos, il me vient en mémoire un incident assez curieux qui eut lieu au premier janvier de cette année, quand les employés européens des diverses administrations furent admis à présenter leurs devoirs à Sa Majesté le Mikado. Il leur fut expressément recommandé de ne se présenter qu'en habit noir et en chapeau noir à haute forme. Pour l'habit, c'était facile, chacun étant pourvu d'un; mais personne n'avait de chapeau à haute forme, vu que les Européens ont le bon esprit de ne pas porter dans ce pays-ci cette coiffure incommode. Ils prirent toutefois assez gaîment leur parti de cette infraction à l'étiquette; mais les fonctionnaires japonnais, à qui pareille recommandation avait été faite, furent bien malheureux pendant quelques jours. Ils se précipitèrent dans les boutiques de Yokohama, frappant à toutes les portes et demandant, à n'importe quel prix, des chapeaux en forme de tuyau de poële. On en vit qui payèrent jusqu'à quinze *rio* (environ 77 francs) de vieux gibus renfoncés et oubliés depuis des années au fond de quelque malle; et ceux-là furent les heureux. Quant aux autres, ils furent obligés de se fabriquer des chapeaux avec des cylindres de carton sur lesquels ils collèrent de leur mieux une étoffe noire quelconque. Mais les uns et les autres eurent l'immense satisfaction de se présenter devant leur souverain munis du couvre-chef officiel, ce qui était l'important.

Les gens du peuple, malgré l'exemple venu d'en haut, ont gardé leur costume national. Dans la classe bourgeoise et marchande, sans doute pour faire acte d'adhésion aux nouvelles idées, ils ont adopté un costume mixte, c'est-à-dire qu'ils ont ajouté au costume japonnais quelques parties du vêtement européen, le plus souvent un chapeau et ensuite des souliers, et souvent même une chemise et un caleçon.

Je n'ai encore vu que deux ou trois dames japonnaises vêtues à la façon d'Europe; mais il paraît qu'à Yeddo, la plupart des dames du monde officiel sont déjà pourvues d'un trousseau complet d'après nos modes, et qu'elles n'attendent que le signal des dames de la cour pour se travestir.

En attendant, elles font dans leur intérieur des répétitions d'élégance et de bonne tenue, si le fait rapporté par un journal de Yokohama est exact.

Une des grandes dames japonnaises de Yeddo avait reçu d'Europe (de Paris même, je crois) un trousseau complet ; mais il paraît que l'emballeur avait mis la lingerie au fond de la caisse et les vêtements par dessus ; si bien que la dame en question, empressée d'essayer ces belles choses, commença par mettre la robe, continua par les articles suivants, et enfin recouvrit le tout de ce vêtement blanc qui d'habitude se trouve tout dessous. Il est à croire qu'elle conçut quelques doutes sur la correction de sa toilette, car elle fit prier une dame européenne de la venir voir. Celle-ci rétablit les choses dans leur ordre naturel et eut la bonne idée de numéroter les diverses pièces du costume de façon à rendre impossible toute erreur pour l'avenir.

En parcourant les principales rues de Takasaki, je vis encore bon nombre de maisons dans lesquelles on préparait des cocons de vers à soie, et pour la première fois j'en aperçus de blancs. On me dit que les jaunes étaient fournis par la récolte du printemps et les blancs par celle de l'été, mais que les uns et les autres provenaient des mêmes vers à soie.

Tout à côté de mon hôtellerie étaient de nombreux marchands de soie qui allaient vendre leurs marchandises aux commerçants européens de Yokohama. Au moment de mon passage, le marché paraissait assez animé, et je m'amusai à regarder la manière dont se traitaient les affaires. Les paysans des villages voisins arrivaient portant, noués dans une pièce d'étoffe, des écheveaux de soie en paquets, pesant de trois à quatre livres. Dès qu'ils passaient devant le comptoir des marchands, c'était, parmi ceux-ci, à qui les appellerait pour leur acheter leurs écheveaux. Le paysan, ainsi interpellé de tous côtés, s'arrêtait un moment indécis au milieu de la rue, puis enfin se décidait à entrer dans une boutique. Là, il montrait sa marchandise, et celle-ci une fois minutieusement pesée et examinée par le marchand, on agitait la question du prix. Je crus voir que rarement le paysan vendait au premier auquel il s'était adressé, mais que le plus souvent il allait de boutique en boutique, tâchant d'obtenir le prix le plus élevé possible. Lorsqu'un marché était conclu, le vendeur recevait en paiement un petit billet portant le cachet de l'acheteur, et je suppose que c'était une espèce de billet à ordre ; je m'informai du prix courant des soies, et on me dit que ce jour-là on payait en moyenne trois *rio* et cinquante-cinq *seu* les cent *mommé* (à raison de 53 francs 25 cent. le kilogramme) (1). Mais je n'oserais garantir qu'on m'ait dit la vérité à ce sujet.

Le temps avait marché pendant que je me livrais à ces observations, et bien qu'il tombât encore un peu de pluie, je fis tout préparer pour continuer mon voyage. Mes bagages furent chargés, partie sur de petites charrettes à bras , et partie à dos de mulet. Pendant que je surveillais ces opérations, mon attention fut attirée par une quantité d'hirondelles qui voletaient autour de moi , et je m'aperçus alors que toute une colonie de ces oiseaux familiers s'était établie dans la grande pièce d'entrée de la maison. De nombreux nids contenant les couvées, étaient attachés aux poutres, à portée de la main, et je vis avec plaisir que les Japonnais avaient cloué au-dessous de chacun d'eux une petite planchette, tout à la fois comme moyen de protection et comme moyen de propreté. Les Japonnais attachent-ils , comme jadis nos paysans, une idée de bonheur et de prospérité à la présence de ces hôtes ailés, qui ont assez de confiance dans l'homme pour venir élever leur progéniture dans sa propre demeure ? Cela est bien probable.

Il était juste midi, le 18 juin, lorsque je laissai derrière moi les dernières maisons de Takasaki et que je m'avançai en pleine campagne. Je me dirigeais droit vers le Nord, ayant en face de moi une rangée de hautes montagnes dont un des sommets s'avançait vers ma droite en forme de promontoire assez élevé. Je pense que le voisinage de cette montagne , qui porte dans le pays le nom de Akani-Yama, aura fait prendre à la ville de Takasaki le nom qu'elle porte (de *takaï*, haut, élevé, et de *saki*, pointe, cap, promontoire), de même , par exemple, que la ville de Nagasaki a tiré son nom d'une langue de terre qui s'avance dans la mer. (*Nagaï*, long ; *saki*, cap).

Le chemin que je suivais était fort étroit, mais assez uni, et

---

(1) Le *rio* est un poids correspondant à un yen d'argent, dont la valeur intrinsèque est d'environ 5 francs 10 cent. Le *seu* est la centième partie du *yen*. Le *mommé* est le poids formant la soixantième partie d'un *rio*.

traversait de belles cultures de blé, d'orge et de sarrazin. Ici encore, comme dans les champs que j'avais vus la veille, l'eau manquait entièrement pour faire des rizières ; c'était, du reste, le même plateau. Je rencontrai successivement les villages de Tancko, Arouma, Noda, qui ne différaient en rien de ceux que j'avais vus auparavant. Ils se composaient invariablement de maisonnettes recouvertes de chaume, entourées de petits jardins et abritées sous la feuillée des grands arbres ; il y régnait encore une grande activité pour les travaux de la soie. A ma droite, et coulant dans une vallée parallèle à la route, j'apercevais la rivière de Tomegaoua, se dirigeant vers le Sud.

Depuis quelque temps le chemin devenait difficile, souvent coupé par de petites rigoles d'irrigation, sur lesquelles quelques planches étroites et branlantes formaient des passerelles d'une solidité douteuse. Peu confiant, d'ailleurs, dans celle du véhicule qui me voiturait, je mettais souvent pied à terre, de crainte de quelque accident. Malgré ce mauvais état des chemins, rendus encore plus difficiles par la pluie qui ne cessait de tomber à intervalles assez rapprochés, j'arrivai au village de *Chibougaoua*, à quatre heures passées, après avoir traversé celui d'Inouyé, une demi-heure avant.

Ce village de *Chibougaoua*, dans lequel je me décidai à passer la nuit, est situé au pied des montagnes, sur la rive gauche et à environ un kilomètre de la rivière de Tomegaoua ; il ne se compose guère que d'une grande rue, fort inclinée et parcourue dans son milieu et dans toute sa longueur par un petit ruisseau d'eau fort claire. C'était la première fois que je voyais cette disposition ; les rigoles se trouvaient d'habitude de chaque côté des rues, le long des maisons Quelques poteaux supportant des lanternes étaient plantés le long de ce petit cours d'eau, probablement dans le double but d'éclairer la rue et aussi d'indiquer la ligne du ruisseau, afin d'éviter les chutes, pendant l'obscurité.

La pluie cessa enfin, et les nuages s'entr'ouvrant me permirent d'apercevoir les sommets des montagnes voisines, fort pittoresquement découpées. Je profitai de ce qui me restait encore de jour pour aller reconnaître la rivière de Tomegaoua, d'où j'espérais avoir aussi une vue plus étendue des montagnes. Les champs compris entre le village et la rivière étaient presque tous en rizières, à cause de la facilité de l'irrigation. Chemin faisant, une sorte de petite pagode située au milieu de ces rizières attira mon attention. C'était un temple dédié à l'espèce chevaline. Je savais que le cheval joue un rôle important dans beaucoup de temples japonnais, et j'avais déjà vu quelques-uns de ces animaux sacrés et en vie dans quelques temples de Yeddo. Ce culte du cheval s'explique assez facilement. Ici, le cheval ainsi que le bœuf, qui partage ses travaux, est un animal de première nécessité ; il fait la plus grande partie des travaux pour la culture du riz, mais surtout, il sert de moyen de transport. Sans lui, les montagnes offriraient des difficultés presque insurmontables aux communications. C'est lui qui transporte, d'un versant à l'autre, les voyageurs et les diverses espèces de marchandises. Il n'est donc point étonnant que ces peuplades aient pour le cheval la même idolâtrie que les anciens Egyptiens avaient pour ceux des animaux qui leur étaient utiles.

D'un autre côté, les paysans de cette partie du Japon m'ont paru attacher une grande importance à la protection que certains de leur dieux ou *kami* peuvent accorder aux productions du sol. Souvent, le long du chemin, je remarquais sur le bord des champs de petites statues de pierre grossièrement faites et qui, me dit-on, étaient les dieux protecteurs des récoltes. Ils sont donc chargés du même office que les anciens Romains avaient confié à leurs dieux Priapes. C'est dans le même but que nos populations chrétiennes des campagnes de la France, à la place de ces faux dieux, élèvent au milieu de leurs champs une croix, ou construisent une niche à une statue de la Vierge, pour attirer les bénédictions du Ciel sur les fruits de la terre. Mais n'est-ce pas toujours la même idée ? Tant il est vrai que partout, la terre, cette *alma mater*, a été considérée comme la mère nourricière du genre humain, et que, quoi qu'il fasse, l'homme ne peut se soustraire à l'obligation qui lui a été imposée par la volonté divine, celle de gagner son pain à la sueur de son front.

Ce qui me paraît curieux, c'est que, fidèles aux traditions des anciens âges, les Japonnais de nos jours attachent à la culture du sol une idée de grandeur et de dignité inconnue dans nos pays d'Europe. Dans la hiérarchie de la société japonnaise , le cultivateur prend rang immédiatement après la noblesse, avant les marchands, artisans, etc., et il est honoré et considéré en conséquence. Que n'en est-il de même en France, où les paysans n'occupent que le dernier rang de la société. Les malheureux, mieux pénétrés de l'importance et de la valeur de leur profession, n'abandonneraient pas si souvent les travaux de la campagne pour aller demander aux villes une fausse position sociale qu'ils atteignent rarement, mais qu'ils paient souvent bien cher par la ruine de leur santé, et, qui pis est, par la perte de leurs bons sentiments d'honnêteté.

Tout en faisant ces réflexions, j'arrivai sur les bords de la rivière de Tomegaoua ; en ce moment, son lit aux trois quarts desséché, laissait à nu une vaste surface de cailloux roulés. Néanmoins ses eaux limpides coulaient avec impétuosité et sur une assez grande profondeur pour qu'il fut impossible de la traverser à gué. Aussi, un bateau plat, servant de bac, était amarré sur les bords. Le bâtelier, accroupi dans une petite hutte faite de branchages, se chauffait auprès d'un petit feu de bois sec, ce qui m'étonna, car il ne faisait pas froid. Je consultai mon thermomètre qui, à 6 heures du soir, marquait 21° centigrades. L'eau de la rivière était à 18° centigrades. De l'endroit où je me trouvais et en regardant vers le Nord, j'avais une vue magnifique. En face de moi, de l'autre côté et au-dessus du village de Chibouyaoua, s'étageaient les ondulations de la chaîne des montagnes. A ma droite, je voyais la montagne Akaniyama, tandis qu'à ma gauche un sommet élevé, appelé *midzou saoua yama*, fermait l'horizon. D'épais amas de vapeurs condensées se trainaient lentement sur les flancs des montagnes, tandis que quelques rayons de soleil couchant, se jouant entre leurs masses et leurs crètes boisées, produisaient les effets de lumière les plus inattendus. Mais la pluie recommença bientôt, et je m'empressai de regagner mon hôtel.

Le lendemain matin, 19 juin, le temps est encore brumeux et pluvieux. Je partis le plus tôt possible, n'ayant fait la veille que fort peu de chemin, environ 5 *ri* et 28 *chô* (1). Dès ce moment,

(1) Le *chô* qui est la trente-sixième partie du *ri*, équivaut à cent six mètres.

en effet, je ne pouvais plus voyager que lentement, ayant à gravir les montagnes aux pieds desquelles je me trouvais ; les bagages ne pouvaient plus être portés qu'à dos de bêtes de somme ou par des hommes, et les sentiers, souvent escarpés et rendus plus difficiles par les pluies, exigeaient beaucoup de précautions pour éviter les accidents. Pour moi, je n'avais que le choix entre monter à cheval, ou bien m'accroupir de mon mieux dans un *cango*. On appelle ainsi une espèce de grand panier rond, suspendu à une forte barre de bois et porté par deux ou plusieurs hommes. Les Japonnais s'y accroupissent, pliés en trois, les genoux ramenés contre la poitrine et les jambes fléchies contre les cuisses ; mais cette posture est impossible pour un Européen. Ce fut pourtant ce dernier que je préférai, bien que ce soit le genre de véhicule le plus incommode que j'aie vu de ma vie, et, selon moi, un véritable instrument de torture pour tout autre que pour un Japonnais. Mais il avait pour moi cet avantage qu'étant porté par des hommes, je pouvais avancer ou m'arrêter à mon gré, ce qui est loin d'être toujours possible avec les chevaux du pays ; de plus, en cas de chute, je risquais fort peu de chose, étant à peine élevé d'un pied au-dessus du sol. Enfin, les chevaux n'avaient pour selle qu'un mauvais bât en bois sur lequel j'aurais été fort mal à mon aise aussi.

Malgré mes instances, il est plus de dix heures quand je peux me mettre en route ; et comme il ne fait pas chaud (19° centigrades), je m'achemine à pied, suivi de mon panier, dont j'ai la ferme intention de me servir le moins possible, tant que mes jambes ne me refuseront pas leur service.

Après avoir traversé le village de Kanaï, j'arrive au bout d'une heure sur la rive droite de la rivière de Tsoumagaoua ; elle n'est qu'un torrent rapide et profondément encaissé dans une gorge étroite ; mais, à en juger par la quantité d'énormes rochers qui obstruent son lit, elle doit devenir très-grosse et très-dangereuse lorsqu'elle est gonflée par la fonte des neiges. Sa direction est du nord-ouest au sud-est ; elle va se jeter, à peu de distance au-dessous de Chibougaoua, dans la rivière de Tomegaoua dont elle est un affluent de gauche. De l'endroit où j'étais, je voyais très-bien le point de jonction des deux rivières.

Je franchis le Tsoumagaoua sur un pont appelé Kitamakibachi, du nom du petit village de Kitamaki, lequel, en cet endroit, se trouve divisé en deux par la rivière. Ayant payé quelques *tempo* pour le droit de péage, je traversai le pont en bois, dont le tablier, recouvert de planches et muni d'une main courante, ressemblait beaucoup à nos passerelles suspendues d'Europe. Mais je fus assez étonné lorsque, arrivé au milieu de ce pont, je me sentis assez vivement secoué par des balancements verticaux, tout comme sur nos susdites passerelles. Or, le pont de Kitamaki n'étant rien moins que suspendu, je voulus savoir la cause du phénomène, et, pour cela, je descendis sur la berge pour en examiner la construction, qui me parut fort originale. De fortes pièces de bois enfoncées dans le lit de la rivière, étayées et reliées entre elles, formaient quatre piles laissant entre elles trois travées, dont celle du milieu était la plus large. Sur ces piles étaient placées, dans la direction de l'axe du pont, trois rangées de madriers, disposés de telle sorte que la rangée inférieure, partant des deux extrémités, s'arrêtait à la deuxième pile de chaque côté. La deuxième rangée, placée au-dessus et séparée de la précédente par un intervalle de deux pieds, la dépassait d'environ deux mètres, et son extrémité libre se trouvait sous la travée du milieu. Enfin, la troisième rangée, la plus élevée, séparée aussi de celle du milieu par un intervalle de deux pieds, avait, elle aussi, son extrémité libre dans la travée du milieu, mais dépassant celle de la deuxième rangée d'environ deux mètres. Il résultait de cette disposition que les extrémités libres des deux rangées supérieures qui s'avançaient sous la travée du milieu, n'étaient soutenues par rien, se trouvant séparées des correspondantes du côté opposé par une intervalle de cinq ou six mètres. Lorsqu'un poids, tel que celui d'un homme ou d'un cheval, se trouvait placé vers le milieu du pont, chacune de ces rangées de madriers devenait un levier du premier genre dont la force était représentée par le poids lui-même ; le point d'appui se trouvait à l'endroit où les madriers reposaient sur la seconde pile, et la résistance consistait dans le poids de la partie de ces mêmes madriers comprise entre le point d'appui et l'autre extrémité. Pour remédier à l'inconvénient d'un poids trop grand placé sur le milieu du pont, les Japonnais n'avaient rien trouvé de mieux que de remplir de gros cailloux les intervalles compris entre les madriers, des deux piles du milieu aux deux berges.

Tel est ce pont de Kitamaki. Dans sa simplicité, il ne manque ni de pittoresque, ni d'ingéniosité; en tout cas, il est beaucoup plus en harmonie avec le paysage quelque peu sauvage des environs, que ne le serait une œuvre d'art faite selon toutes les règles de la science moderne.

A partir de Kitamaki, je monte par un chemin assez escarpé le long du versant de la rive gauche du Tsoumagaoua, et j'arrive seulement vers midi au petit village de *Yokobori*, n'ayant parcouru depuis Chiboukaoua, en une heure et demie, que deux *ri* et deux *chò*. Cependant je suis obligé de faire remplacer hommes et bêtes, tant ils se trouvent fatigués d'avoir gravi la montagne par des chemins boueux et glissants; et il n'y avait pas d'espoir de les trouver moins mauvais en avançant, la pluie tombant sans interruption.

Jusque là j'avais fait tout le chemin à pied; mais décidément, à force de monter sans cesse, je me sens moi-même trop fatigué pour aller plus loin sans donner un peu de repos à mes jambes; en conséquence je fais arranger mon *cango* à la façon que j'appellerai européenne, parce qu'elle est généralement adoptée par les Européens; toute la modification consiste à placer en travers sur le devant du pannier un bambou pardessus lequel on passe les jambes. En se renversant en arrière, on se trouve alors à demi couché, les jambes pendantes en dehors, les pieds ballottant et se heurtant aux mollets des porteurs. Mais on n'est pas depuis quelques minutes dans cette position qu'on en reconnaît bien vite tous les inconvénients; le plus fâcheux de tous est que le poids des jambes est supporté par le pli du jarret portant sur le bambou, et cette pression devient bientôt une torture insupportable, sans compter que les pieds s'engourdissent par l'arrêt de la circulation, et semblent paralysés. On a beau essayer de changer d'attitude, rien n'y fait; on n'a d'autre ressource que de marcher à pied de temps en temps, pour rendre le supplice intermittent. Un autre inconvénient, moindre, il est vrai, et auquel on finit par s'habituer, c'est que les porteurs ne marchent presque jamais l'un derrière l'autre, d'où il résulte que l'on avance selon une ligne oblique à peu près à la façon des crabes.

Après avoir quitté Yokobori et en suivant toujours la route vers le nord, on ne cesse de gravir la montagne par un sentier qui, en maints endroits, était tranformé par les pluies, tantôt en ruisseau, tantôt en cascade ; il eût été impraticable pour les bêtes de somme sans les précautions qu'ont prises les Japonnais. D'abord, au lieu de ferrer leurs chevaux à la mode européenne, ils les chaussent, ainsi que leurs bœufs, avec une sorte de sandale tressée en grosse paille et qu'ils nouent au-dessus du sabot. Cette façon de chaussure a pour l'animal le double avantage de l'empêcher de glisser, et de prévenir l'usure de la corne et les blessures de la fourchette. De plus, dans les passages les plus escarpés, le chemin est transformé en véritable escalier à l'aide de rondins de bois placés en travers et maintenus par de forts piquets enfoncés dans la terre. Il y a des escaliers qui ont plusieurs centaines de mètres de long ; les animaux sont parfaitement habitués à les monter et à les descendre, et je n'en vis aucun tomber avec sa charge ; il n'en était pas de même de mes porteurs qui, tantôt l'un, tantôt l'autre, faisaient quelque glissade, et me laissaient choir à terre.

Deux *ri* au-delà de Yokobori, on arrive à un col assez élevé, d'où l'on a une vue magnifique ; j'arrivai juste au moment d'une éclaircie, ce qui me permit d'en jouir tout à mon aise. Regardant derrière moi dans la direction du sud, j'apercevais le vaste plateau qui environne Takasaki et qui est limité au nord par les montagnes dans lesquelles j'étais, et vers le sud, par les terres basses qui s'étendent jusqu'à la mer par une pente presque insensible. Plongeant jusqu'à l'horizon par-dessus les crêtes des montagnes, mon regard embrassait toute l'étendue de ces plaines verdoyantes tachetées de quelques points de couleur foncée indiquant les villes et les villages. Je pouvais suivre les méandres de plusieurs rivières qui serpentaient au milieu du paysage ; de temps en temps ces cours d'eau, qui devaient être des affluents de Tsoumagaoua, se détachaient vivement sur le fond du tableau par des éclats de lumière, qui les faisaient ressembler tantôt à des rubans argentés, tantôt à des traînées de neige. Vu des hauteurs où je me trouvais, et à travers un voile à demi transparent de vapeur qui adoucissait les teintes en les harmonisant, rien n'était comparable à la grandiose beauté de ce spectacle auquel s'ajoutait le charme des rayons du soleil se tamisant à travers les nuages. Vers l'Est, ma vue était arrêtée par les hautes montagnes ; vers l'Ouest, une autre chaîne de montagnes se dirigeant vers le Nord-Ouest, selon une courbe gracieuse assez régulière, formait avec le versant opposé un ravin profond, aux flancs abruptes et au fond duquel coulait la rivière de Tsoumagaoua. Enfin, vers le Nord, les montagnes s'abaissant en pente assez douce, circonscrivaient une sorte de vaste entonnoir, dont le fond présentait quelques cultures au milieu desquelles on apercevait quelques habitations.

Je quittai presque à regret cette hauteur, en jetant un dernier coup-d'œil autour de moi ; mais le temps menaçait de se remettre à la pluie, et une partie de mon convoi avait déjà pris les devants. Je continuai donc ma route à pied, le sentier étant plus facile et se dirigeant vers le fond de l'entonnoir le long d'un plateau incliné en pente assez douce. Ce plateau, bien que déboisé, n'était pourtant pas cultivé, mais seulement recouvert d'un tapis serré d'assez hautes herbes. Celles-ci servaient de refuge à quantité d'alouettes qui s'envolaient autour de moi. Je prenais plaisir à les suivre du regard alors qu'elles s'élevaient lentement dans les airs en faisant entendre leur gaie chansonnette. L'alouette des champs est un oiseau qui m'a toujours été sympathique : hôte familier de nos guérets, il est le chantre des belles matinées du printemps, et je fus heureux de le retrouver dans ces belles montagnes du Japon.

Après un peu plus d'une heure de marche, j'arrivai au fond de la vallée, et à quelques pas plus loin, au pied du versant opposé, se trouve le village de Kakagama. Avant d'en atteindre les premières maisons, je m'arrêtai pour examiner un petit appareil hydraulique installé sur le petit ruisseau qui longeait le chemin et tel que je n'en avais encore jamais vu ; il se trouva que c'était un pilon mécanique pour décortiquer le riz. Je pris à la hâte un croquis de cette machine, qui m'intéressait surtout en ce sens que c'était la première que je rencontrais au Japon, se rapportant à l'agriculture, sans que je l'eusse déjà vue en Chine.

Un axe était placé en travers du ruisseau, et sur son milieu était fixée à angle droit une barre en bois, supportant à chacune de ses deux extrémités une auge rectangulaire. Ces deux auges étaient disposées en sens inverse, de sorte que lorsque l'une avait son ouverture en haut, celle de l'autre extrémité avait son ouverture en bas. Un petit barrage avait été établi de manière à former une petite chute d'eau, et à une distance telle que l'eau tombait dans l'auge qui était de son côté, et la remplissait. Aussitôt celle-ci était entraînée par son propre poids, et décrivant un demi-cercle au-dessous et autour de la ligne d'axe, elle se vidait complètement pendant cette demi-révolution, et venait prendre la place de la deuxième en se trouvant placée l'ouverture en bas. Quant à la deuxième auge vide, elle avait nécessairement exécuté une demi-révolution en sens inverse, et était venue en avant prendre la place de la première en présentant son ouverture à la chute d'eau ; elle se remplissait à son tour, finissait par être entraînée par son poids, et, après s'être vidée, allait reprendre sa première place au côté opposé. Le résultat de ce mécanisme était que les demi-révolutions des auges autour de la ligne d'axe se succédaient régulièrement et indéfiniment, à intervalles égaux. Je constatai qu'il y avait une demi-révolution chaque douze secondes. L'axe supportant les auges se prolongeait de l'autre côté du ruisseau et se terminait dans une petite boîte en paille ; dans celle-ci se trouvait un assez grand mortier en bois, dans lequel venait frapper un long pilon vertical aussi en bois, et qui était mis en mouvement d'une façon très-simple, par la rotation de l'axe. Pour cela, celui-ci était traversé par une petite pièce de bois placée de telle sorte que, à chaque demi-révolution, elle soulevait, jusqu'à une certaine hauteur, un taquet fixé sur la tige du pilon, pour l'abandonner ensuite ; alors le pilon retombait dans le mortier par son propre poids et se trouvait soulevé de nouveau à la demi-révolution suivante. La machine fonctionnait au moment où je l'examinai, et le mortier était à demi rempli de riz ; mais il me parut que la besogne devait se faire bien lentement, puisqu'il n'y avait que cinq coups de pilon par minute.

Il était encore de bonne heure quand j'arrivai à l'hôtellerie, et les environs du village me paraissant fort intéressants, j'aurais volontiers fait une promenade avant la nuit, si la pluie, qui n'avait cessé pendant la journée qu'à de rares intervalles, n'avait redoublé vers le soir ; force me fut de rester accroupi sur mon tatami en attendant l'heure de mon dîner. L'air était frais et humide ; vers cinq heures le thermomètre ne marquait plus que 15° 50 centigr., si bien que je fus obligé de prendre des vêtements moins légers. La soirée fut donc triste et monotone, et ma seule distraction consista à examiner quelques arbres et arbustes assez curieux, réunis dans une petite cour intérieure de la maison. L'un de ces arbres de grande taille était remarquable par ses grandes feuilles disposées en verticale régulière sur le même point. On me dit qu'il se trouvait dans les montagnes du pays, mais qu'il était assez rare.

Le lendemain matin, 20 juin, je quittai le village de Kaka-yama par un temps gris et pluvieux. Je me dirigeai vers le Nord en suivant un chemin assez escarpé et fort glissant qui montait en serpentant le long des gorges des montagnes ; je marchai longtemps à pied, et si ce n'eût été le mauvais temps, j'aurais fait la promenade la plus agréable du monde. Les flancs des montagnes très-boisés offraient de tous côtés au regard d'immenses rideaux de verdure d'une merveilleuse fraîcheur. Presque à chaque sinuosité du chemin le paysage changeait d'aspect ; les vues, les sites, tous plus agréables et plus pitto-resques les uns que les autres, se succédaient rapidement, et mon attention, sans cesse tenue en éveil, abrégeait la longueur des heures de la route. C'est qu'en effet, il est difficile d'imaginer rien de plus gracieux et de plus grandiose à la fois que les montagnes du Japon pendant le printemps, et celles que je traversais sont des plus favorisées par la nature. Elles me paraissaient aussi plus gaies, sans que je pusse me rendre compte tout d'abord de cette impression ; mais je remarquai bientôt que ce qui me faisait trouver ces montagnes plus riantes et plus animées, c'était tout simplement la présence de quelques oiseaux qui peuplaient leurs verdoyantes retraites.

Chose singulière ! Le Japon si favorisé sous tous les rapports , à qui la Providence a prodigué toutes les richesses , toutes les splendeurs de la nature , le Japon est pauvre, très-pauvre en oiseaux ; le Japon manque d'oiseaux. Ce n'est pas qu'il en soit absolument dépourvu , et il en a même quelques-uns de fort remarquables ; mais leur nombre en est fort restreint, surtout comparé aux si nombreuses légions de la tribu ailée dans les pays voisins. On ne saurait croire combien cette absence à peu près complète d'oiseaux répand une teinte toute particulière de mélancolie sur les paysages de ce pays : il n'y a pas un Européen qui n'ait tout d'abord éprouvé cette impression Lorsque, séduit par la beauté de la nature , il parcourt les campagnes , ou qu'il s'enfonce dans les gorges des montagnes , il commence par éprouver un vif sentiment d'admiration pour tout ce qui l'entoure ; mais bientôt il lui semble qu'il lui manque quelque chose. Autour de lui règne un silence absolu, presque solennel, à peine interrompu par le murmure des ruisseaux et le souffle de la brise à travers les bois ; l'homme alors se sent isolé , perdu au milieu de cette belle nature qui n'a que lui seul pour admirateur et pour témoin de ses merveilles. Comme on aimerait à voir se jouer au milieu des bois de camélia et des buissons d'azalées ces brillants oiseaux qui remplissent les forêts tropicales de leur ramage incessant , et donnent tant de vie et d'animation aux paysages des Indes et de la Chine ! Que de fois je voyais en imagination le paon magnifique des forêts de la Cochinchine promener son manteau royal, étincelant d'azur et d'or, dans les sombres bois de pins du Japon qu'il aurait embelli de sa présence ! Mais non, les bocages sont déserts. Quelques belles espèces de faisans peuplent seules les grandes herbes des montagnes ; mais le touriste ne les entrevoit que rarement et ne peut que deviner leur présence au rauque gloussement des coqs. Dans les plaines , des tourterelles et des pigeons hantent seuls les bosquets qui entourent les habitations, dont ils sont les seuls hôtes avec les grives de passage ; mais le rossignol, la fauvette , le pinson et tous ces autres charmants petits chantres des bois n'habitent pas ces contrées. Le vulgaire passereau et une fort jolie espèce de bergeronnette forment presque seuls les petites espèces, tandis que les grandes n'ont guère pour représentants que les corbeaux et les milans qui abondent dans les villes et autour des villes et autour des villages. Cependant des cigognes, des grues et diverses espèces d'ibis fort jolis peuplent les rizières.

Il ne me paraît pas facile d'expliquer ce manque d'oiseaux ; les granivores trouveraient aisément leur nourriture dans les campagnes, couvertes de riz et de cérérales , et les insectivores ne manqueraient pas davantage de moyens de subsistance. A défaut d'explication plus satisfaisante, je me suis arrêté à l'idée que les oiseaux redoutaient peut-être les ombrages trop épais des montagnes du Japon, en grande partie formés par les forêts de pins et d'arbres verts de toute espèce ; il est impossible en effet d'imaginer une collection d'arbres verts résineux plus complète que celle des forêts de ce pays. On dirait que toute la famille des conifères a tenu à honneur d'être représentée dans ces îles ; mais la verdure de ces arbres est sombre, peu gaie et peu favorable à la végétation des plantes et des arbrisseaux qui fuient, la plupart, leur ombre malsaine. De plus, beaucoup d'autres arbres, tels que les camélia , les Kaki (persimmon), etc., ont aussi un feuillage épais , d'un vert foncé, de telle sorte que réellement la teinte générale des bois et des forêts a un ton un peu trop sombre, et les bambou, les mimosa, les paulonia , etc., ne suffisent pas toujours à en atténuer la sévérité. Les plaines sont beaucoup mieux partagées sous ce rapport, et elles offrent une vue très-variée, lorsqu'au printemps la verdure des moissons combine ses nuances avec l'éclatante blancheur des fleurs des arbres fruitiers. Parmi ces derniers , les cerisiers sont surtout remarquables par la dimension et la grande quantité de leurs fleurs doubles.

J'éprouvai donc un véritable plaisir à entendre, dans les montagnes presque inhabitées qui entourent Hakagama, le gazouillement de quelques petits oiseaux auquel le coucou venait de temps en temps mêler son cri monotone ; de gros merles s'approchaient aussi pour nous regarder curieusement à travers le feuillage et nous saluaient de leurs sifflements redoublés. Ces montagnes sont du reste très-giboyeuses : sans parler des faisans et des lièvres qui y sont très-nombreux, elles donnent asile à quantité de cerfs et de sangliers ; elles servent aussi de retraite à quelques loups et à une très-grosse espèce de fouine.

Au bout de trois heures de marche, je descendis dans une charmante vallée au fond de laquelle serpente la petite rivière d'Akayagaoua, dont les eaux limpides se dirigent en cet endroit de l'Ouest-Nord-Ouest au Sud-Sud-Est. Je fis une assez longue halte dans le village de Jousé, qui se trouve sur la rive droite de cette rivière, pendant que mon convoi changeait d'hommes et de bêtes de somme. Je remontai ensuite le long de cette rive droite pendant une heure ; puis je passai sur la rive opposée une demi-heure avant d'arriver au village d'Aïnsata qui se trouve sur la rive gauche. A quelque distance au-delà de ce village, je repassai encore une fois sur la rive droite de l'Akayagaoua, et je me trouvai, un peu après trois heures, dans le village de Sarougakio. On me fit voir, dans une maison, la peau d'un ours récemment tué dans le voisinage.

Enfin il était cinq heures du soir lorsque j'atteignis le village de Nakaï, où je dus passer la nuit. La pluie n'avait presque pas cessé de toute la journée, je me sentais fatigué, et bien que je n'eusse fait que peu de chemin ce jour-là (environ six ri et demi), il m'était impossible d'aller plus loin. J'avais en effet devant moi le fameux col du Mikouni, et ce n'était pas à une heure avancée de la soirée qu'il eût été prudent de tenter une pareille ascension, alors surtout que j'étais certain de ne trouver ni abri ni ressources d'aucune espèce sur la route. Je pris donc le parti de me coucher tôt pour être sur pied de bonne heure, ce que je fis après un dîner pris en entier au dépens de mes provisions de voyage.

Dans les petits villages de ces montagnes reculées, on ne trouve pour toutes provisions de bouche que du riz, et il n'est pas toujours possible de se procurer du poisson salé ou des champignons secs, ces deux comestibles que l'on rencontre partout ailleurs, même dans la cabane des plus pauvres; quant au poisson frais, aux œufs, etc, inutile d'en demander, il n'y en a a jamais. C'est dans une hôtellerie de l'un de ces villages que l'on peut lire, écrite sur le mur en gros caractères et en anglais, cette inscription qui trahit un peu la mauvaise humeur d'un estomac affamé : « Vous qui avez le malheur de voyager sans provisions, passez outre bien vite, il n'y a rien ici pour manger. » Cette inscription est attribuée à deux Américains qui s'étaient aventurés sans vivres dans ces montagnes; les Japonnais la respectent comme un échantillon de calligraphie européenne et peut-être aussi parce qu'ils pensent qu'elle contient quelque compliment flatteur à leur adresse.

Le lendemain matin, 21 juin, je hâtai le plus possible les préparatifs du départ. Mon convoi était considérablement augmenté, et se composait de quinze hommes, de quatre chevaux et d'un bœuf, ce qui, moi et mon personnel compris, formait une petite caravane de vingt hommes et de cinq animaux. Ce matin-là, par exception, je parvins à me mettre en route à six heures et demie malgré le temps pluvieux et les lenteurs obligées des Japonnais. Presque au sortir du village nous commençâmes à gravir les flancs de la montagne, et comme l'air était assez frais, je marchai à pied. Le chemin était moins escarpé et moins mauvais que je ne m'y attendais. Il avait été tracé d'une manière assez intelligente, formant de nombreux zig-zags à angles très-aigus, et dans les endroits difficiles on avait placé en travers des troncs d'arbres faisant escalier. De temps en temps se rencontraient de petits plateaux où le chemin, presque horizontal et assez large, ressemblait à une allée soigneusement entretenue et recouverte de sable fin, comme dans un parc d'agrément. Mais ce qui, je pense, se trouve rarement dans un parc, ce sont les arbres séculaires qui couvrent la route d'un dôme de feuillage et les buissons épais d'azalées et d'églantiers fleuris qui de chaque côté lui forment une bordure presque sans interruption, tandis que de nombreuses variétés de fougères élégantes tapissent les talus et les anfractuosités des rochers. Beaucoup d'autres arbustes et plantes qui m'étaient inconnus se trouvaient en fleur en ce moment, et contribuaient à embellir le paysage. De distance, en distance de petites cascades formées par les pluies descendaient des hauteurs en bondissant de rocher en rocher, traversaient la route, et se précipitaient dans la profondeur des ravins. Quelques fois, et particulièrement sur les petits plateaux, c'étaient les pelouses d'un gazon uni qui s'étendaient le long du chemin ; mais les flancs des montagnes escarpées et presque inaccessibles étaient couverts de fourrés à peu près impénétrables. Malgré que le temps fut peu favorable et que beaucoup de perpectives me fussent cachées par les nuages, je ne me lassais pas d'admirer ces paysages si beaux et si pittoresques et le chemin était assez doux pour qu'il me semblât faire une promenade d'agrément plutôt qu'un voyage pénible au milieu des montagnes ardues.

Après deux heures d'ascension, je me trouvais à un détour du chemin en face d'une petite pagode située sur le côté droit de la route ; là, j'étais arrivé au point culminant du col de Mikouni, et cette pagode indique le point de séparation de la province du Kodzouka d'avec celle de Yetsigo, dans laquelle j'allais entrer : elle n'offre rien de remarquable que son site élevé, et elle me parut même en assez mauvais état. Il est probable qu'elle doit son origine à quelque idée surperstitieuse des gens du pays qui auront voulu élever, dans ce lieu isolé, un temple à quelque dieu protecteur des voyageurs.

A partir de cet endroit, le chemin redescend vers le Nord par une pente très-douce, jusqu'à une espèce de grand hangard qui se trouve à très-peu de distance et qui fait fonction de caravansérail. De nombreuses bêtes de somme attendaient devant la porte, pendant que leurs conducteurs se reposaient dans l'intérieur en fumant leurs pipes et buvant leur tasse de thé. J'entre à mon tour dans cette cabane qui présente un spectacle assez curieux : elle est encombrée tout autour de ballots et de bagages de toute espèce ; dans un des coins était un *cango* entouré de papier huilé, et au fond duquel se tenait blottie une jeune femme, voyageuse de distinction, à en juger par le nombre de domestiques qui s'empressaient à la servir. Au centre, un plancher recouvert de nattes et un peu élevé au-dessus du sol, formait l'enceinte réservée aux gens de la maison, qui étaient fort occupés à servir à la ronde du riz, du thé, et je ne sais plus quelle autre préparation culinaire. Un trou carré ménagé au milieu des nattes et rempli de cendres servait de foyer, dans lequel brûlaient des branches de pin faisant bouillir une grande marmite suspendue au toit par une longue corde. Je suis obligé de faire une halte d'une demi-heure pour laisser souffler gens et bêtes, et je passe mon temps à examiner le va-et-vient des voyageurs. La plupart voyageaient à pied, portant le vêtement national classique usité pour les voyages, et aussi simple que commode. La pièce principale de l'habillement est le *kimon*, robe longue à larges manches : ouverte sur le devant dans toute sa longueur, elle croise sur la poitrine, et est serrée autour de la taille par une large ceinture, qui sert aussi à la relever pour faciliter la marche. Une espèce de caleçon en étoffe foncée descend jusqu'aux chevilles, se moulant exactement sur la jambe qu'il comprime à la façon d'une jambière; le pied est recouvert d'une espèce de chaussette *(tabi)* qui porte entre le gros et les autres orteils une échancrure dans laquelle passe le cordon qui fixe les sandales; celles-ci, formées d'une semelle tressée de grosse paille, ne préservent nullement de l'eau, mais protégent suffisamment la plante du pied, tout en lui laissant la plus grande liberté. Une natte rectangulaire, retenue par une corde passée autour du cou, sert d'abri contre la pluie, le voyageur ayant la facilité de la présenter du côté d'où vient le vent. Un immense chapeau demi-sphérique couvre la tête et les épaules, servant à la fois de coiffure et de parapluie. D'habitude le piéton Japonnais n'a pour tout bagage qu'une petite boîte, qu'il porte sur le dos enveloppée dans un grand morceau d'étoffe dont les deux bouts libres viennent se nouer devant le cou ; une courte pipe dans son étui et un sac à tabac sont invariablement suspendus au côté droit de la ceinture, qui supportait ausssi autrefois, mais rarement aujourd'hui, un ou deux sabres du côté gauche. Ainsi accoutré, un long bâton à la main, le Japonnais parcourt souvent de grandes distances à peu de frais, vivant de quelques bols de riz, et couchant sur sa natte. Le costume des femmes diffère peu de celui des hommes ; comme ceux-ci, elles ont des jambières étroitement serrées , elles sont coiffées aussi du même chapeau, de sorte que, à quelques pas de distance, il est difficile de les distinguer des hommes dont elles partagent du reste les fatigues, soit en portant des fardeaux, soit en conduisant des bêtes de somme. Justement ce jour-là, le bœuf qui faisait partie de mon convoi, chargé de caisses sur le dos, était conduit par une femme, ce dont je ne m'aperçus qu'au moment de la halte.

Je profitai d'une éclaircie pour reprendre mon chemin qui était encore assez uni , presque horizontal, et traversait des parties de la forêt remarquables par la taille des grands arbres et la quantité des arbustes en fleurs. Mais au bout de peu de temps, je m'arrêtai tout à coup devant un spectacle des plus inattendus. En débouchant d'un massif de verdure, je me trouvai comme sur la pointe d'un promontoire élevé s'avançant au-dessus d'une mer houleuse. Seulement ici les vagues étaient représentées par de gros nuages qui se heurtaient les uns contre les autres, roulaient au-devant et au-dessous de moi leurs masses amoncelées ; à droite et à gauche, presque sous mes pieds, deux ravins taillés à pic recélaient des profondeurs, que mes yeux ne pouvaient sonder à cause des vapeurs qui les remplissaient ; ces deux ravins se réunissaient sous un angle très-aigu, qui formait le cap sur lequel je me trouvais et en face duquel s'ouvrait une large vallée, dont, pour le moment, je ne pouvais guère que deviner l'étendue. Je restai quelque temps en cet endroit, désireux de saisir quelques détails du vaste paysage qui était devant moi, voilé par une impénétrable accumulation de nuages. Mais je ne pus rien distinguer que quelques sommets de montagnes émergeant de ce chaos de vapeurs comme les flots d'un océan. A mes pieds, le chemin plongeait perpendiculaire-ment et disparaissait au milieu des brouillards ; il n'était plus du reste qu'un sentier étroit tellement abrupte qu'il me parais-sait absolument impraticable pour les bêtes de somme. Ce ne fut pas sans une vive appréhension que je vis les hommes de mon convoi s'engager et disparaître un à un dans le précipice, tant il semblait impossible que leurs bêtes ne fussent pas entraînées par leurs fardeaux, et n'allassent se briser contre quelque roche : aussi, par la pensée je dis adieu aux choses fra-

giles que pouvaient contenir mes bagages, et faisant contre
fortune bon cœur, je m'aventurai à mon tour dans le sentier
escarpé. J'avais beaucoup de peine à me retenir sur cette pente
glissante en zig-zag, et dont il était particulièrement difficile de
tourner les angles. Je me trouvai quelque temps plongé dans les
nuages qui m'empêchaient de rien distinguer autour de moi ;
heureusement ils se dispersèrent un moment, et une courte
éclaircie me permit de voir toute la sauvage beauté du lieu où
je me trouvais. J'aperçus derrière et au-dessus de moi tout un
échafaudage de rochers se dressant, menaçants, sur leurs bases
enfouies au milieu des massifs de verdure. Leurs masses d'un
gris clair, nues, polies par le frottement des eaux de pluie, se
dessinaient vigoureusement sur le fond de feuillages qui les
entourait ; beaucoup d'entre eux s'élançaient verticalement sous
forme d'aiguilles ou de pyramides aiguës ; d'autres surplombant
le sentier, ne tenaient à la montagne que par une base étroite,
sans cesse minée par les eaux de pluies, et menaçant de rouler
avec fracas au fond des ravins, dans un temps rapproché. Certai-
nes de ces masses de rochers étaient formées de plusieurs blocs
superposés à la façon des roches basaltiques, ne se touchant
entr'eux que par quelques surfaces et séparés par de larges
fissures ; leur inclinaison était parfois si prononcée, leur stabi-
lité me paraissait si douteuse que j'accélérais le pas en passant
au-dessous d'eux, me demandant si le moment n'était pas
venu où il devaient s'écrouler dans le précipice. De temps en
temps je m'arrêtais pour contempler et admirer ce paysage unique
dans son genre. On voit souvent des dessins japonnais qui
représentent des vues de montagnes et dans lesquels la disposition fantastique des rochers, des cascades et des sentiers, ne
m'avait jamais paru qu'une pure invention de l'artiste ; mais ici,
j'étais obligé de convenir que la réalité dépassait les combi-
naisons les plus hardies et les moins vraisemblables de l'imagination.

La descente du col de Mikouni par ce sentier dura environ une
heure, ensuite le chemin devint plus facile en longeant une
vallée qui me conduisit au village de Asakaï, où j'arrivai à onze
heures du matin, mouillé, fatigué et n'ayant parcouru néan-

moins que trois *ri*, vingt-six chò (un peu moins de quinze kilomètres en plus de quatre heures.)

La pluie avait redoublé, et j'étais obligé de faire remplacer les hommes et les bêtes de mon convoi. Je profite de ce temps pour faire une halte et prendre un déjeuner dont le besoin commençait à se faire vivement sentir. Je me remets en route à une heure et demie, me dirigeant toujours vers le Nord ; je suis pendant quelques temps la rive droite de la rivière de Soto-gaoua, laquelle coule du Sud au Nord, à l'inverse de celles que j'avais rencontrées les jours précédents. Le col de Mikouni que je venais de franchir était donc bien le point culminant de la contrée et aussi le point de partage des eaux. Malgré que le sentier fût relativement commode, je mis cependant deux heures à atteindre le village de Fontayé, qui n'est qu'à deux *ri* et huit chò de celui d'Asakaï, et bien qu'il ne fût que trois heures et demie, je décidai de m'y arrêter ; le temps ne paraissait pas vouloir se mettre au beau ; la journée avait été pénible, et j'avais marché presque tout le temps à pied, ne m'étant servi que le moins possible de mon *cango* et seulement dans les endroits les moins difficiles. Je m'étais surtout gardé d'en faire usage pendant la descente du Mikouni, d'abord parce que cela me paraissait dangereux, et ensuite parce que je voulais éviter la mésaventure qui en ce même endroit, était arrivée à un marchand suisse. Cet homme de haute stature et de forte corpulence, avait jugé nécessaire d'atteler huit hommes à son *cango*, vu la difficulté du sentier et le poids de sa personne. Mais il n'est pas dans les habitudes des porteurs japonnais d'être si nombreux ; il arriva que ces porteurs, se gênant mutuellement, et trébuchant à chaque pas, renoncèrent bientôt à cette tâche insolite, et que, déposant mon homme à terre sans rien dire, ils l'abandonnèrent en dépit de ses cris et de ses menaces ; force lui fut, bon gré malgré, au grand détriment de ses rhumatismes, de rouler, comme il le put, sa rotondité jusqu'au bas du ravin.

Après m'être reposé, je profite d'une embellie pour faire un tour dans le village ; mais je suis bientôt arrêté par la pluie qui recommence et aussi par la curiosité de la population qui, tout en étant assez discrète, n'en est pas moins quelquefois gênante.

Le bruit s'était vite répandu que j'étais le médecin engagé à la capitale pour venir créer des hôpitaux au chef-lieu du district, et il n'en fallait pas plus pour me donner, aux yeux de ces villageois, les proportions d'un grand personnage. Les enfants surtout me serraient de près, m'offrant un spectacle qui m'amusa un moment, bien qu'il ne fût pas nouveau pour moi. Tous ces enfants avaient l'air d'être à deux têtes. Cela tient à ce que, au Japon, dès qu'un enfant a atteint l'âge de cinq ou six ans, son métier obligé est d'en porter un autre plus petit sur son dos ; ce dernier est enveloppé jusqu'au cou dans le *kimono* de celui qui le véhicule, si bien que le porteur et le porté semblent ne faire qu'un seul corps duquel on est tout étonné de voir sortir deux têtes. Ainsi chargés de leur vivant fardeau, ces enfants passent la journée à vagabonder et à se livrer aux jeux de leur âge ; il est toutefois digne de remarque que leur doublure ne manifeste presque jamais par des pleurs ou des cris que la position lui déplaise. Dieu sait cependant qu'elle n'est pas toujours confortable, et l'on voit à chaque instant ces pauvres petits endormis, ballotter dans tous les sens leur tête nue, exposée au soleil, au vent et aux insectes. Mais les enfants ne suffisent pas à porter tous leurs cadets, et la plupart des femmes que l'on rencontre ont aussi un nourrisson sur leur dos, ce qui ne les empêche pas, ainsi affublées, de vaquer à leurs travaux de toute sorte.

Je me suis demandé souvent ce que cette coutume de porter les enfants sur le dos depuis leur naissance jusqu'à l'âge de trois ou quatre ans, pouvait avoir d'influence sur leur santé ou sur leur conformation. Je n'ai jamais remarqué que la santé générale en éprouvât le moindre dommage ; mais j'avais cru d'abord que cette coutume produisait la déformation des jambes qui existe chez presque tous les Japonnais ; celle-ci consiste en ce que, à partir surtout des genoux, les jambes forment une courbe très-prononcée à concavité intérieure ; il en résulte qu'ils sont cagneux à un degré très-prononcée, ce qui donne à leur démarche une allure toute particulière. Ce vice de conformation est surtout très-apparent chez les individus vêtus à l'européenne, et ils ont quelques fois de la peine à introduire leurs jambes tortes dans des pantalons étroits faits pour servir de fourreau à des jambes à peu près rectilignes. Toutefois je ne pense pas que cet inconvénient résulte de ce que les enfants sont portés sur le dos, car j'ai vu nombre d'enfants européens élevés par les nourrices japonnaises à la mode du pays, et aucun d'eux n'offrait cette disposition vicieuse ; il est plus probable que celle-ci provient plutôt de l habitude d'être accroupi ou assis sur les talons.

Après mon dîner, le maître de l'hôtellerie me fit demander si je voulais bien donner une consultation à sa femme et à sa sœur ; j'y consentis volontiers, et les deux femmes furent amenées. Après avoir longuement fait les salutations d'usage, elles racontèrent à mon interprête l'histoire des petites misères pour lesquelles elles réclamaient mes conseils. Je n'avais point de médicaments à leur donner, mais sur leur affirmation qu'elles pourraient s'en procurer, je dictai une ordonnance que mon interprête leur transmit, et elles se retirèrent d'un air fort satisfait. Ce n'était pourtant pas fini, car un instant après, un des panneaux de ma chambre se rouvrit brusquement, et le maître du logis entra portant sa femme entre ses bras ; il l'a déposa sur la natte et se retira sans rien dire. Je ne connaissais pas encore cette façon de présenter sa femme devant le monde, et comme je paraissais étonné du procédé, l'interprête s'empressa de m'en donner l'explication. Comme je l'ai déjà dit, les cloisons des chambres ne sont que des écrans en papier, de telle sorte que le mari n'avait pas perdu un mot de ce qui s'était dit pendant la consultation, et il avait été fort peu satisfait de ce que sa femme avait passé sous silence certains détails qui, selon lui, avaient de l'importance, et devaient m'éclairer grandement ; il ordonna donc à sa femme de retourner pour nous les donner ; celle-ci refusa, soit qu'il lui répugnât de raconter ces choses à des étrangers, soit pour toute autre raison. C'est alors que le mari, usant de ses droits de seigneur et maître, et aussi de sa force musculaire, ne trouva rien de mieux pour se faire obéir, que le moyen très-simple de m'apporter la femme de force et de la déposer à mes pieds, comme un paquet de hardes. Elle fut donc obligée de s'exécuter, sachant bien que son mari était aux écoutes derrière la cloison.

Le lendemain matin 22 juin, je quittai le village de Fontaya un peu avant sept heures, ayant dessein d'arriver le même soir sur les bords de la rivière, où je devais trouver à m'embarquer. Continuant ma direction vers le nord, je côtoyai pendant quelque temps la rive droite de la rivière Kiotsougaoua, qui est la continuation de celle de Sotagaoua. A midi je faisais une halte de deux heures dans le village de Housaoua, désirant, après mon déjeuner, prendre le relèvement d'un pic assez élevé, le Sakatoyama, qui se trouve à huit *ri* de distance de cet endroit. Mais comme les nuages s'obstinaient à cacher cette montagne à mes regards, je repris mon chemin, longeant cette fois la rive gauche de la rivière de Ouogaoua, affluent de celle de Kiotsougaoua. Ce chemin, en pente assez douce, me conduisit dans une sorte de large vallée formant une petite plaine bornée à l'est et à l'ouest par des chaînes de montagnes, et s'étendant assez loin devant moi dans la direction du nord. Il me paraissait évident que c'était là que les cours d'eau sur lesquels j'allais bientôt naviguer, prenaient leur principales sources. Cette plaine était admirablement cultivée et couverte de rizières, abondamment arrosées par de nombreuses rigoles distribuant de tous côtés une eau limpide. De nombreux villages, entourés de bouquets d'arbres, se voyaient, disséminés au milieu des cultures. Je traversai successivement ceux de Seki, de Tonochi et de Makansoura, et j'arrivai enfin à celui de Chiohama, après six heures du soir; malgré mon vif désir d'arriver ce même soir au village suivant où j'aurais trouvé des bateaux, je dus me résoudre à passer la nuit dans celui-ci. L'heure était trop avancée, et d'ailleurs la journée avait été trop fatigante, car bien que le thermomètre n'eût marqué que 25°-50 centigr., le temps avait été très-lourd. Je fis donc préparer mon dîner et, selon mon habitude, je demandai la liste des comestibles que l'on pouvait me donner, et qui depuis quelques jours se bornait presque invariablement aux œufs et aux champignons. Cette fois je fus agréablement surpris lorsqu'on m'offrit pour un prix modique (environ un franc), un très-gros saumon frais que je m'empressai d'acheter; je m'en régalai largement et il y en eut encore de quoi faire largesse à tout mon personnel. Comme je m'étonnais de trouver de pareils poissons frais dans un petit village éloigné de la mer, on m'expliqua qu'on avait l'habitude d'en faire des provisions que l'on conservait dans la neige. Après mon dîner on m'apporta des échantillons d'un produit de la localité qu'on me vanta comme un médicament très-prisé et très-efficace. C'était de toutes petites boîtes rondes, du diamètre d'une pièce de un franc, faites d'un alliage d'étain, et contenant chacune une pincée de grains d'une substance blanche cristalline; elle est extraite par la distillation d'une espèce de menthe qui croît en abondance dans le pays; et je crois que ce n'est qu'une huile essentielle cristalisée de la plante elle-même, car elle a la saveur extrêmement forte, et l'arôme de la menthe. Le procédé pour son extraction est assez simple. Après avoir coupé une quantité de ces plantes, on les laisse sécher quelque temps à l'ombre, ensuite on les introduit dans un alambic, on ajoute un peu d'eau et on distille; on receuille la substance solidifiée et cristallisée dans le condenseur : celui-ci dans les alambics Japonnais n'est pas un serpentin, mais bien un espace réservé entre la cornue et le chapiteau; ce dernier est rempli d'eau froide, et sert de réfrigérant pour le condenseur placé au-dessous.

Ce fut le lendemain matin que j'arrivai, après deux heures de marche, au village de Moïkochi, situé sur la rive gauche de la petite rivière Ouonouma. La matinée étant assez belle et le chemin en plaine, je fis tout le trajet à pied. Je traversai le village dans toute sa longueur par une large rue qui faisait suite à la route. Chemin faisant, je m'amusais à regarder les marchandises exposées dans les boutiques, lorsqu'à mon grand étonnement, j'aperçus une enseigne sur laquelle étaient écrits, en grandes lettres européennes, ces mots : *Hollandisch reme-die*. Il n'y avait pas à en douter, on vendait dans cette boutique un remède hollandais. Curieux de savoir ce que ce pouvait être, j'envoyai mon interprète m'en acheter un échantillon; il revint m'apportant, enveloppées dans un petit morceau de papier, cinq pilules de forme irrégulière, assez grosses et argentées; le tout était contenu dans une sorte de factum ou de réclame imprimée dont voici la traduction :

Le Itchiriougan (1) étant fait sous la direction d'un Hippocrate (2) hollandais, et transmis à ma maison depuis les anciens temps, est un remède incomparable. Malgré la gravité d'une maladie quelconque, on sera guéri miraculeusement de suite, si on prend une pilule.

De plus, nombre de personnes qui étaient affligées depuis longtemps ont été guéries ; c'est pour cela que cette médecine est respectée de tous, comme un père par son enfant, et aimée comme une mère aime son nourrisson.

Dans la conviction et le désir de détourner des malades les afflictions de la maladie, j'ai voulu mettre en vente ces pilules, dont l'action subite peut être comparée au premier rayon du soleil qui dissipe la gelée, et par conséquent, on peut croire qu'elles sont un remède unique par leur action.

Actions du remède.

Il est applicable à toutes les maladies suivantes :
1° Expectoration, toux, hoquet ;
2° Etourdissements chez les femmes ;
3° Dyssenterie, diarrhée ;
4° Indigestion des aliments, crampes dans le ventre ;
5° Petite vérole, rougeole ;
6° Coliques ;
7° Fièvres intermittentes ;
8° Maladies du sommeil (3) ;
9° Epilepsie, folie ;
10° Excentricités, convulsions ;
11° Maladies de bateau, de cheval, de chaise à porteurs (4) ;

(1) Nom donné à ces pilules, de *Itchi*, un, premier, excellent, *riou*, pilule, et *gou*, chose ronde.

(2) Ce mot, ortographié aussi exactement que possible, d'après les caractères japonnais, est écrit : hipocouratsou.

(3) Les Japonnais se plaignent parfois d'une somnolence invincible.

(4) C'est-à-dire le mal de mer et les indispositions de même genre, produites, chez quelques personnes, par l'usage du cheval, ou des chaises à porteurs.

12° Vomissements, maladies du vin (1) ;

13° Maladies après les couches ; — l'accouchement est facilité ;

14° Battements du poumon, du ventre, embarras de celui-ci, vertiges, oppression de la respiration, réveil à la suite de commotions de cœur, agitations, rêves et mélancolie : pour celle-ci, si on prend des pilules tous les jours, on sera bientôt guéri.

Si on a des membres cassés, ou si on s'est donné un coup, on sera guéri en mettant à l'endroit où on a ce mal une pilule, en la faisant fondre dans un verre de vin. On guérira aussi de cette manière des blessures et des abcès.

15° Lorsqu'on a mal aux dents, on mettra ce remède sur les racines, après l'avoir écrasé.

Emploi du remède.

Pour prendre les pilules, on s'en administre une avec de l'eau chaude ; si la maladie est grave, on en prendra deux avec du vin ou de l'eau de vie. En cas de maladie pressée, on en prendra une trois fois de suite.

Pour les enfants, on leur donnera une demi-pilule, et il n'est pas nécessaire de les priver d'aucun aliment.

Ces pilules, quand même elles sont moisies par la pluie ou par l'humidité, n'ont pas leur action altérée ; en effet, elles sont le remède le plus précieux.

Signé, Yoyoudo Morita Sauso,
Du village de Yetsigo Kamo.

Où ne rencontre-t-on pas le charlatanisme des vendeurs de drogues ? Jusqu'à Maïkamachi ! Est-il possible de trouver quelque chose de mieux réussi parmi les réclames qui remplissent la quatrième page des journaux, sans en excepter

(1) C'est-à-dire ivresse, alcoolisme et leurs conséquences.

même la douce Revalescière ? Et si ce charlatanisme effréné trouve constamment des dupes parmi les crédules et les naïfs en Europe et jusque dans les classes éclairées , faut-il cependant beaucoup s'étonner de ses succès au milieu de populations ignorantes et superstitieuses? D'ailleurs , il faut bien savoir qu'au Japon, les remèdes venant des Européens sont fort estimés depuis fort longtemps , et probablement depuis que , il y a plus de deux siècles , la colonie hollandaise de Décuis les introduisit dans le pays. Je ne doute pas que les ancêtres de M. Morita Sauso n'aient appris quelque recette d'un Hippocrate hollandais , comme le dit la réclame ; mais cette recette , se composant de médicaments étrangers , est-elle fidèlement exécutée dans un village de l'intérieur? Il est presque certain que non , vu la cherté des médicaments dans ce pays , la difficulté de se les procurer et l'obligation de les vendre à bas prix. Il est d'ailleurs inutile de dire qu'il n'existe pas de médicament jouissant de propriétés aussi merveilleuses ; mais la crédulité des Japonnais, à cet égard , est inimaginable.

Dans les environs, un médecin japonnais jouissait d'une grande réputation , à cause d'un médicament européen qu'il s'était procuré je ne sais d'où , mais qu'il employait pour toute sorte de maladies , et particulièrement pour les fractures, contusions et blessures de toute espèce. Vérification faite , il se trouva que cette fameuse panacée était une bouteille de baume de Copahu, parcimonieusement distribué goutte à goutte. — Quant aux pilules de Maïkamochi , j'ignore ce qu'elles peuvent contenir , n'ayant ni les moyens ni l'habileté nécessaires pour en faire l'analyse ; mais j'ai tout lieu de penser qu'elles sont ou devaient être des pilules purgatives.

Désireux d'arriver le jour même de bonne heure à la ville de Nagaoka , je m'empressai de louer un bateau. J'aurais pu prendre passage sur un de ceux qui faisaient un service public à peu près régulier ; mais je ne pouvais me dispenser d'arrêter un bateau pour moi seul , à cause du personnel et des nombreux bagages que j'avais avec moi ; d'ailleurs , il m'eût été fort désagréable de me mêler à la foule des passagers , sans compter que ma dignité de fonctionnaire du gouverne-

ment eût été compromise. Les bateaux du pays sont très-
plats et très-longs , en forme de grande pirogue , mais ne ca-
lent guère qu'un pied d'eau. Le milieu en est abrité par des
nattes de paille , et représente le salon des passagers ; mais il
est si bas, qu'on ne peut s'y introduire qu'en marchant sur
les genoux, et tout ce que je pouvais faire, c'était de me tenir
assis ou couché. A l'avant se tenaient six rameurs , et à l'arrière le pilote, qui n'avait pour gouvernail qu'un énorme aviron
fort long.

Il était près de onze heures quand tout fut prêt pour le départ. Afin de mieux voir le pays, et pour mieux me rendre
compte de la manœuvre du bateau, je pris place sur mes bagages, entassés en plein air au-devant de mon compartiment.
Dès que le bateau fut détaché de la berge, il fut entraîné avec
une grande vitesse par le courant, qui était fort rapide. Le
cours d'eau sur lequel nous naviguions, n'est, en réalité, qu'un
petit torrent, qui, à très-peu de distance du village, se jette
dans la rivière de Ouonouma ; leur réunion ne forme encore
qu'un petit cours d'eau torrentiel , dont les eaux limpides lais-
sent apercevoir le fond , composé de gros cailloux roulés et
de graviers à gros grain. A chaque instant se présentent des
coudes très-brusques , et nous ne faisions pas 200 mètres sans
rencontrer des rapides , que nous franchissions avec la ra-
pidité d'une flèche. Les rames, devenues inutiles , ne servaient
qu'à aider à virer de bord. Dans certains endroits, le passage
était si étroit et notre vitesse si grande, que je craignais de
voir notre embarcation aller se briser contre les rochers ; mais
je fus vite rassuré par l'habileté et le sang-froid de notre pilote,
qui, manœuvrant sa longue pagaye d'une main vigoureuse ,
savait effleurer les écueils sans les toucher. Dans ces cas, les rameurs de l'avant, armés de gaffes , aidaient à la direction du
bateau ; mais ce n'était pas tout que de savoir éviter les rochers ;
il fallait encore savoir trouver son chemin dans le lit de la rivière,
qui se divisait parfois en plusieurs bras , dont un seul offrait
à peine assez de profondeur pour être navigable ; et, malgré
notre faible tirant d'eau, nous touchions quelquefois le fond.

Cette rivière est , le plus souvent , assez encaissée entre

deux banquettes qui servent de digue et protégent les plaines voisines contre les inondatious ; elles servent aussi de chemin de halage pour les bateaux qui remontent le courant ; leur élévation est assez grande pour qu'on ne puisse à peu près rien voir du pays, sinon les cimes des montagnes qui bordent l'horizon. A cause de ses nombreuses sinuosités, le courant vient battre en brèche les berges dans beaucoup d'endroits ; mais, pour empêcher l'ébranlement de leurs digues, les Japonnais ont établi de très-nombreux et très-solides épis dans tous les points menacés. Pour cela, ils ont enfoncé sur les bords quantité de troncs de pins sur plusieurs rangées, alternant entre elles, et reliées par des poutres transversales. Ces sortes d'épis existent, d'une manière presque non interrompue, dans tout le parcours des rivières, et des forêts entières ont dû être ainsi transportées pour servir à l'installation de ces travaux. J'aperçus aussi en certains endroits où la rivière longeait une colline ou une berge taillée à pic, une série de trous creusés horizontalement et à fleur d'eau : c'étaient des prises d'eau servant à l'irrigation des champs, et qui étaient autant de petits aqueducs passant sous d'étroits tunnels ; mais je m'expliquai difficilement comment on avait pu les creuser de si petite dimension ; car ils ne paraissaient pas avoir deux pieds de hauteur.

Nous avancions rapidement; néanmoins le temps me paraissait long, ne voyant presque rien du paysage: c'est à peine si par-dessus les rives j'apercevais la cime de arbres, et je ne pouvais que deviner la présence des villages par les massifs qui les entouraient ; pour tromper la longueur des heures, je m'amusais à suivre du regard les évolutions de quelques gros plongeons noirs que nous dérangions dans leurs ébats ; ils s'envolaient au-devant du bateau, allaient se reposer en aval pour s'envoler encore quand nous approchions ; à la fin, fatigués d'être ainsi poursuivis, ils prenaient le parti de revenir en amont. Parfois, des oiseaux blancs qui me semblèrent être des ibis, se tenant plantés sur un pied à la pointe d'un banc de sable, nous regardaient passer sans se déranger, avec le flegme imperturbable qui caractérise beaucoup d'espèces d'échassiers.

Après environ deux heures de cette navigation, nous arrivâmes à la grande rivière de Sinano ; elle décrit de nombreuses sinuosités et parfois s'étale sur une large surface, laissant à découvert de nombreux bancs de gravier et de sable ; mais le courant en est encore fort rapide.

Nous nous engageâmes vers les cinq heures dans un petit canal qui conduit à la ville de Nagaoka ; nous perdîmes quelque temps à attendre que l'on eût levé, pour nous laisser passer, une façon de pont-levis arrangé en aqueduc pour servir à l'irrigation des champs ; néanmoins, grâce à la vitesse du courant, nous arrivâmes à la ville de Nagaoka quelques instants après.

Profitant de ce qu'il faisait beau, je m'empressai d'aller visiter cette ville, qui me parut assez grande, ayant de belles rues larges, droites et bien entretenues. Ce qui me sembla particulier, c'est que, de chaque côté de ces rues régnait une sorte de trottoir couvert et non interrompu d'un bout à l'autre qui formait galerie; ces galeries peuvent être fermées au besoin. On me dit que parfois il tombait une telle quantité de neige, qu'il était souvent impossible de passer par les rues ; mais que, grâce à ces trottoirs couverts et fermés, la circulation était toujours possible. Je constatai ensuite que, du château des anciens daïmio, il ne restait plus vestige. C'est à peine si, à quelques ondulations du terrain, je pus reconnaître son emplacement. Je pensai alors que décidément la puissance de ces daïmio est bien évanouie pour toujours ; si à la suite de quelque commotion politique, ils rentraient jamais en possession de leurs domaines, ils ne trouveraient plus une pierre où reposer leur tête.

La ville de Nagaoka est située au milieu d'une grande plaine ; elle a été, dit-on, une des principales du Japon, et le chef-lieu du district. Aujourd'hui, elle a beaucoup perdu des son importance; elle est reliée à la rivière de Susano par deux petits canaux se dirigeant l'un en amont, et l'autre en aval.

A ma rentrée à l'hôtellerie, je demandai de l'eau fraîche pour me désaltérer, n'ayant pas l'habitude de goûter au thé, qui est toujours servi, selon l'étiquette, à tout visiteur qui entre dans une maison ; le thé du Japon est mauvais, et il ne représente guère pour moi que de l'eau trouble et de mauvais goût. Mais au lieu de l'eau que j'avais demandée, on m'apporte sur un plateau deux morceaux de neige comprimée, taillés en parallélipipèdes. Je crus tout d'abord que c'était un luxe peu commun que d'avoir de la neige à cet époque, pour rafraîchir les boissons ; mais on m'expliqua que ce n'était pas du tout la manière de s'en servir, et que la mode était de mordre dans la neige à belles dents et de la manger. Je pus me convaincre, en effet, dès le soir même, que manger de la neige était une friandise particulièrement recherchée des femmes et des enfants. Pendant toute la journée, des femmes et des petites filles ne cessent de parcourir les rues jusqu'à une heure avancée de la soirée, criant d'une voix aiguë : Ouy-Koouy ! (de la neige, de la neige !) Elles portent leur marchandise dans un panier, et à l'aide d'une petite scie, elles en détachent des fragments gros comme le poing, qu'elles vendent à leurs clients un tiers de tempo (un peu moins de deux centimes). Il est inutile de dire que cet usage de manger de la neige pendant l'été, et presque toujours avec des fruits verts (1), ne laisse pas que d'avoir des inconvénients dont les plus fréquents sont des indigestions, des coliques et de la diarrhée. Justement, le soir même, après mon dîner, la maîtresse de la maison m'apporta un de ses jeunes enfants qui se plaignait de maux de ventre, et elle me dit que cet enfant avait mangé de la neige un peu plus que d'habitude ; je lui fis une petite ordonnance avec recommandation de ne pas donner de neige à l'enfant. A cela elle répondit qu'elle n'aurait jamais le courage de le priver d'une aussi bonne chose, et que d'ailleurs ce n'était pas là la cause de son indisposition. Et de fait, je crois qu'il serait plus aisé d'arrêter le soleil dans sa course que d'empêcher les populations de ce pays de manger de la neige. On m'a rapporté cependant qu'à une époque reculée un Taïcoun avait reconnu les inconvénients de cet usage, qu'il avait

(1) Les Japonnais n'attendent jamais que les fruits soient murs, ils les mangent très-verts.

prohibé dans ses états ; la vérité est que je ne l'ai jamais vu dans les pays de Yeddo et de Yokohama.

Le lendemain, comme je me disposais à partir, la maîtresse de la maison se présenta, suivie d'une servante qui portait sur un plateau quelques petits paquets soigneusement enveloppés de papier de couleur et que je fus prié d'accepter. C'était mon salaire pour la consultation de la veille : il consistait en une espèce de gâteau fait de farine de froment, d'œufs et de sucre ; on l'appelle castéra, et il est fort prisé. Ce sont les Hollandais qui en ont donné la recette aux Japonnais, il y a fort longtemps, et je pense que ce n'est autre chose que nos gâteaux de Savoie ou à la madeleine ; en tous cas, ils sont fort bons, et feraient très-bonne figure sur nos tables d'Europe.

Un peu après sept heures du matin, le 24 juin, je quittai la ville de Nagaoka. Cette fois, je n'avais plus mon grand bâteau de la veille, qui avait été remplacé par deux autres plus petits et attachés ensemble bord à bord. J'en gardai un pour moi et mes petits bagages, tandis que mon personnel et les gros bagages trouvèrent place dans l'autre. Cette journée, la dernière de mon voyage, fut de beaucoup la plus pénible. La pluie ne cessait de tomber, ce qui m'obligeait à m'abriter sous les nattes qui étaient placées trop bas pour que l'on pût s'y tenir autrement que couché ou accroupi. Les montagnes s'étaient beaucoup écartées, et nous naviguions au milieu d'une vallée si large, qu'elle formait une grande plaine ; blotti au fond de mon bâteau, je déjeunai aussi longuement que je pus, et j'appelai le sommeil à mon secours pour tromper l'ennui de ces longues heures. Dans l'après-midi, je m'aperçus que les montagnes de l'Ouest, celles du côté de la mer, s'étaient terminées brusquement, ce qui me fit supposer que je ne devais pas être loin de la côte ; j'espérai donc arriver, comme on me l'avait promis, pour la tombée de la nuit. Mais la rivière s'était élargie, le courant était beaucoup moins fort, et nous n'avancions plus que lentement, en comparaison de la vitesse de la veille. La nuit arriva, noire et pluvieuse ; il était impossible de rien distinguer, et il fallait toute l'habitude des bateliers pour se diriger. Enfin, à neuf heures du soir, nous

nous arrêtâmes auprès d'un quai de la ville de Niigata, après avoir péniblement manœuvré au milieu des jonques qui se trouvaient mouillées en cet endroit. En ce moment la pluie tombait à torrents, et l'obscurité était d'autant plus complète que c'était un soir de nouvelle lune. Il me fallait cependant débarquer à tout prix, car je n'avais fait aucune disposition pour dîner et coucher dans le bateau. J'envoyai donc deux de mes hommes à la recherche d'une hôtellerie, mais ils ne furent de retour qu'une heure après. Ce ne fut qu'à dix heures du soir que je pus mettre pied à terre, avec toute espèce de difficultés, n'ayant pour m'éclairer qu'une mauvaise lanterne que le vent et la pluie éteignaient à chaque instant. Je ne pris avec moi que mes petits bagages les plus indispensables, et ce fut ainsi que, par une nuit aussi noire que pluvieuse, mouillé et crotté de la tête aux pieds, je fis dans ma nouvelle résidence une entrée qui n'était rien moins que triomphale. Pour comble d'infortune, mon domestique, au milieu des embarras, avait oublié les articles indispensables à la confection de mon dîner; il lui fallut revenir au bateau, fouiller dans les bagages, et les choses s'arrangèrent si bien, qu'il était près d'une heure du matin lorsqu'il me fut enfin possible de prendre mon repas du soir que mon estomac indigné d'un pareil oubli réclamait de toute la force de ses contractions. Heureusement qu'une bonne nuit de sommeil vint mettre un terme à tous ces ennuis.

Je dormais encore le matin, lorsque je reçus la visite d'un jeune Japonnais, fort élégamment vêtu à l'européenne, et qui s'annonça comme étant le chef de l'hôpital futur. Je le remerciai de son empressement que je trouvais quelque peu matinal, et je fis prévenir de mon arrivée le gouverneur de la ville. Ce dernier me donna rendez-vous pour midi à l'hôtel de son gouvernement. Quand je me présentai, il me reçut fort cordialement, entouré de ses officiers, et pour me souhaiter la bienvenue, il fit déboucher une prétendue bouteille de vin de Champagne qui était bien le plus abominable liquide que j'eusse goûté de ma vie; mais si le vin était mauvais, l'intention était bonne, et nous nous quittâmes fort bons amis.

Je fus conduit de suite à la maison qui m'était destinée. C'est un assez joli petit *Yackhi,* (1) agréablement situé à quelque distance de la ville, sur le versant d'une colline sablonneuse qui sépare celle-ci de la plage de la mer. Cette habitation, vraie maison de campagne, était entourée de hautes clôtures en planches, formant une enceinte dans laquelle se trouvait, outre la maison, un assez grand terrain, dont une partie plane fut, séance tenante, désignée pour être un jardin potager ; l'autre partie, fortement en pente, était plantée de quelques grands arbres, à l'ombre desquels croissaient à profusion des vignes et des framboisiers sauvages ; celle-ci fut réservée pour faire fonction de parc d'agrément en miniature. Du haut de ce petit bosquet, je pouvais jouir d'une très-belle vue. Immédiatement en face et au-dessous de moi j'apercevais la ville à demi cachée par un rideau de grands arbres, et s'allongeant le long de la rivière Sinano qui l'enserre entre ses eaux et les dunes de sable du littoral. Au-delà se déroulait une immense plaine couverte de verdure ; enfin, bordant l'horizon, de longues chaînes de montagnes couraient vers le Nord, teintées de bleu, avec quelques vifs reflets de lumière réfléchie par les rochers et les petites chutes d'eau descendant des sommets.

La ville de Niigata est située à l'embouchure de la rivière de Sinano, sur la côte Ouest du Japon, en face de l'île de Sado, distante de trente milles, et célèbre par ses mines d'or et d'argent. Cette ville est par 139°4 de longitude Est (méridien de Greenwich), et 38° de latitude Nord. Comme la ville de Yeddo est par 139°44 longitude Est, et 35°40 de latitude Nord, j'avais donc parcouru dans mon voyage 2°20 en longitude, et 0°40 en latitude. Niigata, qui est très-moderne, a été fondée par un ancien daïmio de Nagaoka ; elle fut, dit-on, uniquement peuplée, à l'origine, de repris de justice qui pendant longtemps ne vécurent que de piraterie. Maintenant, leurs descendants, formant une population de vingt-cinq mille habitants, se livrent à la pêche, au commerce et à la culture. Mais peut-être ont-ils con-

(1) Nom honorifique donné aux maisons des officiers.

servé par hérédité quelque chose des vilaines habitudes de leurs ancêtres, car ils passent pour manquer volontiers de délicatesse. La ville étroite et fort longue, est presque entièrement formée par trois grandes rues alternant avec trois canaux principaux et parallèles au cours de la rivière, dont elles suivent les sinuosités. Ces grandes voies de communication sont coupées de distance en distance à angle droit, par des rues et des canaux plus étroits. Le sol est très-bas, marécageux, mais la nouvelle administration fait faire de grands travaux d'assainissement, et les canaux et les rues sont fort bien entretenues.

Néanmoins, j'étais enchanté d'être logé un peu loin de la ville et sur une petite élévation, et ce fut avec plaisir que je pris possession de ma maison, où je m'installai le soir même du jour de mon arrivée.

J'étais enfin chez moi.

Il me semble que j'ai le cœur un peu serré en écrivant ces derniers mots. Mon Dieu ! depuis que je suis au monde, y-a-t-il eu jamais pour moi un *chez moi*, et y en aura-t-il un jamais ? J'ai quitté la maison paternelle si jeune que je n'ai aucune souvenance de l'avoir habitée ; voilà plus de vingt-cinq ans que je parcours le monde, étranger partout et pour tous. Depuis douze ans, la Cochinchine, la Chine et le Japon me voient errer de port en port, de province en province. Aujourd'hui me voilà à Niigata, au fond du Yetsigo, province ignorée du nord du Japon. Est ce-ici le *chez moi* que la Providence me destine ? n'est-ce qu'une étape d'un jour dans le continuel voyage de mon existence ? Dieu seul le sait.

Il n'y a ici que quatre Européens, dont deux Allemands, un Anglais et un Hollandais, je suis venu faire le cinquième ; nous nous rencontrons rarement, mais c'est toujours avec plaisir ; nous parlons quelquefois de l'Europe que nous avons tous quittée il y a longtemps, et nul de nous ne sait quand il lui sera donné de revoir sa patrie. Un de nos grands bonheurs, le seul peut-être que nous ayons, est de recevoir des nouvelles de ceux que nous aimons, et nous sommes aussi heureux qu'on peut l'être loin des siens.

J'ai écrit ces quelques lignes dans mes moments de loisir, pour donner à ma famille et aux quelques amis qui veulent bien se souvenir de moi, une idée du pays que j'habite ; que les uns et les autres veuillent bien me continuer leur affection et leur sympathie : elles feront le charme de ma solitude, en attendant le jour si désiré où il me sera donné de les revoir.

Niigata, 20 octobre 1873.

Toulouse, Impr. Louis & Jean-Matthieu Douladoure.